Qual a sua dúvida para o tema:

A Espiritualidade dos animais

Marcel Benedeti

Qual a sua dúvida para o tema:

A Espiritualidade dos animais

7ª edição, revista e ampliada

Mundo Maior Editora e Distribuidora
São Paulo, 2019

Qual a sua dúvida para o tema:
A Espiritualidade dos Animais
© 2012 Marcel Benedeti

Mundo Maior Editora
Fundação Espírita André Luiz

Diretoria Editorial: Onofre Astinfero Baptista
Editor: Antonio Ribeiro Guimarães
Assistente Editorial: Marta Moro
Criação de Capa e Diagramação: Helen Winkler

Rua Duarte de Azevedo, 728 – Santana
02063-022 São Paulo – SP
Tel.: (11) 4964-4700
e-mail: editorial@feal.com.br

7ª edição, 1ª reimpressão – 2020

A reprodução parcial ou total desta obra, por qualquer meio, somente será permitida com a autorização por escrito da editora. (Lei n.º 9.610 de 19.2.1998)

Dados Internacionais de Catalogação na Publicação (CIP)
(Câmara Brasileira do Livro, SP, Brasil)

Benedeti, Marcel
  Qual sua dúvida para o tema: a espiritualidade dos animais / Marcel Benedeti. -- 7. ed. -- São Paulo : Mundo Maior Editora, 2020.

  Bibliografia

1. Espiritismo 2. Ficção espírita I. Título.

12-07382   CDD-133.93

Índices para catálogo sistemático:
1. Ficção espírita : Espiritismo 133.93

Sumário

Apresentação 9

Parte I 11
   Evolução da alma animal 13
   Vegetarianismo 47
   Generalidades 65
   Eutanásia 83
   Animais no mundo espiritual 97
   Reencarnação dos animais 109
   Animais e energias 145
   A alma dos animais 183
   O sofrimento animal 195

Controle populacional de animais domésticos 221

Espírito crítico 225

Mediunidade nos animais 237

Suicídio no reino animal 247

Parte II 251

A Espiritualidade dos animais 253

Animais 257

Os diversos reinos da Natureza 261

A Alma dos animais 267

Provas da existência da alma dos animais 271

Psiquismo nos reinos da Natureza 277

Individualidade da alma animal 281

Do átomo ao arcanjo 287

Livre-arbítrio 293

Consciência 297

Inteligência nos animais 301

Campos mórficos de Rupert Sheldrake 305

Animais na Espiritualidade 307

Mediunidade nos animais 311

Um estudo sobre a evolução 317

O caso do acaso 321

Progresso *325*

Animais domésticos *327*

Todos os animais são nossos amigos? *329*

Nós já fomos animais? *337*

Por quê? *343*

Conclusão *345*

Bibliografia *347*

Apresentação

Esta é uma coletânea de perguntas que foram feitas no programa "Nossos Irmãos Animais", que vai ao ar pela Rádio Boa Nova AM 1.450 kHz.

Dentre as perguntas, muitas vieram de leitores dos livros *Todos os Animais Merecem o Céu* e *Todos os Animais são Nossos Irmãos*, que se comunicaram conosco por correio eletrônico e questionamentos formulados no término das palestras em Centros Espíritas que nos convidaram para falar sobre a Espiritualidade dos Animais.

As dúvidas são simples e refletem as principais preocupações de quem é a favor ou contra o que se diz sobre o assunto.

Algumas perguntas podem parecer repetitivas, mas as respostas são complementares. Elas são sucintas, mas tentam responder de forma a não deixar dúvidas. Há pequenas frases retiradas de obras como *O Livro dos Espíritos*, *A Gênese*, *Gênese da Alma*, *Evolução Anímica*, entre outros que ilustram e complementam as explicações.

Parte I

Evolução da Alma Animal

> *"A escala animal, situada num dos reinos da Natureza, não pode deixar de obedecer às irrevogáveis leis de Deus, que se verificam em toda a criação, desde o grão de areia soprando pelo vento dos desertos ao mais fulgurante sol que se agita e caminha com extraordinária velocidade nos desertos do Espaço, em demanda das grandes constelações."* (Cairbar Schutel)

1. Você acredita que um dia alguma espécie animal superará o ser humano e dominará o planeta?

R: Não. Isso é impossível, apesar de que alguns cientistas consideram que os golfinhos e as baleias sejam seres mais desenvolvidos e inteligentes que os humanos. O estágio de Humanidade é superior ao de animalidade. Necessariamente os animais deverão passar pela fase humana para fazerem parte das esferas evolutivas superiores àquela em que se encontram agora.

Allan Kardec perguntou ao Espírito de Verdade sobre os animais vivendo em mundo superiores. A resposta dizia que, neles, os animais continuam a ser submissos aos humanos como servidores inteligentes. Por mais evoluído que seja algum animal, não é superior a qualquer ser humano. Se existir alguma espécie superior, com certeza se seguirá à fase humana, mas, neste caso, já não seria mais animal e sim estaria em outro estágio supra-humano.

> *"Na sua infância teve origem uma série de existências que precedem o período que chamamos Humanidade."* (O Livro dos Espíritos, p. 776)

2. Do ponto de vista espiritual, qual é o animal mais evoluído?

R: Dentro de nossa esfera evolutiva são os seres humanos. Abaixo de nós há outros tão próximos que são aqueles que alguns dos cientistas consideram como os mais evoluídos da Terra: os golfinhos e as baleias. Estes animais possuem cérebros bastante desenvolvidos e com um número de células nervosas maior do que as encontradas em nós. A capacidade de processamento de informações nestes seres aquáticos é 16 vezes mais rápida do que ocorre nos nossos cérebros. Os elefantes, os bovinos, equinos, caninos e macacos estão em um patamar relativamente elevado também. Isso não significa que estejam muito acima de outros animais como as aves, por exemplo, dentre as quais encontramos os papagaios, que demonstram inteligência surpreendente.

Os chimpanzés possuem uma característica que lembra muito o comportamento humano: eles temem tudo que seja relacionado à morte. Quando encontram outro chimpanzé morto, ficam em silêncio como se estivessem em atitude de respeito. Nenhum outro animal, exceto o ser humano, se impressiona quando encontra outros animais mutilados e mortos. Os chimpanzés entram em pânico quando encontram algum dos seus morto ou mutilado, como se temesse a morte.

Como recebemos corpos cada vez mais evoluídos à medida que o Espírito evolui, esses animais que citamos e que possuem cérebros bem desenvolvidos devem ter uma evolução proporcional em termos espirituais.

> *"Na Natureza tudo se encadeia e tende à unidade."*
> (O Livro dos Espíritos, p. 607a)

3. Há alguma diferença em termos de evolução entre aves, peixes e mamíferos, também no aspecto espiritual?
R: Estas espécies são fases evolutivas pelas quais todos os seres passam em uma determinada fase da vida como

princípio inteligente, isto é, todos os animais passam por elas. A evolução começa desde as fases mais primitivas possíveis e passam por outras sequentes, cada vez mais avançadas. Entre as espécies citadas os peixes estão nas faixas mais primitivas. Após eles, as aves são mais evoluídas e depois os mamíferos. Os peixes, mais primários, necessitam de muito tempo para atingir patamares mais elevados. Os mamíferos estão mais próximos do patamar da Humanidade, mas isso não significa que ocorrerá em breve. Mesmo um animal que estagie, por exemplo, em um corpo de cão, não significa que em pouco tempo será um ser humano. São necessários milhares de encarnações antes disso. Antes de se tornarem aptos à Humanidade, precisam aprender tudo o que a fase de peixes oferece, depois tudo o que a fase de aves oferece para depois passar por outras fases sequentes, como a dos mamíferos, para somente depois adentrar a nossa fase, ou seja, a humana. Não há favoritismo no Universo e todos os seres aperfeiçoam-se à medida que angariam as experiências de cada fase.

> *"(Os homens) trazem no seu físico os traços indeléveis da animalidade e sua alma reflete os instintos dos seres inferiores da criação."*
> (Cairbar Schutel)

4. Os animais existem no plano espiritual – como os cães de Nosso Lar – e evoluem dali para encarnações em escala mais elevada, ou voltam à Terra como cães mesmo?

R: Assim como ocorre conosco, os animais evoluem mais no mundo físico do que no plano espiritual, porque a experiência neste planeta não pode ser comparada com o que ocorre lá. Nele, ocorrem os sofrimentos morais mais adequados aos seres humanos e não aos animais, que mais necessitam das experiências físicas como encarnados. Por isso, espíritos encarnados como animais necessitam da experiência no corpo físico para evoluir e não poderiam estar em outra espécie, a menos que já tenham terminado o estágio naquela fase (como cão, neste caso). Mesmo antes de avançar para fase evolutiva em outra espécie animal, é necessário que passe por outras intermediárias, estagiando no plano espiritual como seres espirituais, ou seja, como Espíritos da floresta (esta fase somente ocorre no plano espiritual).

> *"Tudo se liga em uma corrente infinita em que todas as coisas e todos os seres, presos pelos mesmos elos, tendem sempre para um estado melhor; tudo tem por alvo o progresso."*
> (Cairbar Schutel)

5. Sendo irracionais, como explicar o carinho e o respeito que certos animais demonstram para com os ditos racionais?

R: Ser racional significa conhecer a razão. Agir com racionalidade significa agir de forma pensada e estudada. Irracional é todo aquele que não sabe o que é a razão e somente é dirigido por seus instintos.

O ser irracional não pensa e age cegamente, obedecendo aos apelos do corpo, que quer satisfazer-se e se proteger das adversidades do mundo de modo automático. É aquele que, por não pensar e não planejar, não premedita nenhuma ação e quando age, o faz por impulso de modo previsível e conhecido, pois a mesma ação se repete de modo padronizado na espécie em questão. Quando vemos algum animal agindo de modo elaborado e não de maneira impulsiva e previsível, significa que ele está agindo de modo inteligente e racional. Há alguns anos, os cientistas depararam com um casal de corvos que demonstraram uma inteligência surpreendente. A fêmea construiu um instrumento metálico em forma de anzol para alcançar um pedaço de carne com o qual iria se alimentar. O que impulsionou esse animal a construir o artefato foi uma necessidade instintiva, mas a elaboração do instrumento exigiu um planejamento e uma visão mental prevista daquilo que construiria; foi produto da sua racionalidade.

Há o caso de um cão sem dono que, sendo tratado por um médico que curou sua perna fraturada, depois de curado voltou para as ruas. Após um ano, ele retornou ao mesmo médico trazendo outro que também tinha a perna fraturada e provavelmente esperava que o amigo fosse tratado como ele fora um ano antes. Que instinto é esse? Na verdade não é instinto, e sim um sentimento de solidariedade que está relacionado à racionalidade. Um cão foi capaz de ligar para o serviço de emergência quando sua dona teve um mal que acometeu o seu coração. Esta atitude salvou-a e o cão certamente não agiu de modo automático por ação instintiva.

Por outro lado encontramos na imprensa sensacionalista notícia de pessoas que matam outras para tirar seus bens ou por terem sido traídas pelo cônjuge infiel. Estas ações são tipicamente instintivas. Quem é irracional e quem é racional?

> *"O reino animal, infância espiritual de todos os sábios e ignorantes, de todos os ricos e pobres, de todos os bons e maus, de todos os grandes e pequenos que vagueiam neste mundo de Deus."*
> (Cairbar Schutel)

6. Alguns animais são muito inteligentes e algumas vezes parecem ter mais sentimentos do que muitas pessoas que conheço. Será que eles não são mais inteligentes do que a gente pensa e por causa desta nossa ignorância os tratamos como se fossem objetos?

R: Quando falamos sobre a mediunidade dos animais, nós comentamos sobre a dificuldade de comunicação que existe entre nós e os animais (não entre eles e nós porque eles têm mais facilidade em nos entender do que nós a eles). Seria como se tentássemos nos entender com algum estrangeiro que somente consegue pronunciar palavras em seu idioma e não os compreendemos. Se deparamos com este estrangeiro, somente pelo fato de não conseguir se expressar por um idioma que entendamos, não se pode julgar que ele seja um idiota, ou que seja completamente desprovido de inteligência. Talvez ele tenha uma inteligência média, ou talvez tenha uma inteligência elevada, mas como saber se não o entendemos, se não sabemos o que ele diz?

Com os animais acontece o mesmo. Enquanto não nos comunicarmos convenientemente com eles, não poderemos saber o que pensam. Do ponto de vista deles é provável que nos achem estúpidos também porque não os entendemos.

Nos Estados Unidos, em uma universidade, alguns cientistas treinaram um animal, um bonobo, que é uma espécie de chimpanzé, para que acionasse um teclado que poderia simular a voz humana ao toque de uma das teclas. Cada tecla acionada reproduzia um pedido, uma palavra ou uma frase feita. Por intermédio dele, o macaco foi capaz de se comunicar com os cientistas por meio de palavras inteligíveis e coordenadas, demonstrando que eles são inteligentes e pensam. Com o teclado foi capaz de emitir opiniões e fazer comentários sobre alguns assuntos. Na Alemanha do século IX, um senhor treinou seus cavalos para que pudessem se comunicar por batidas com as patas no solo formando um código. Os equinos não somente podiam falar por este método, mas também resolviam problemas matemáticos complexos. Aprendendo a usar a linguagem das mãos para surdo-mudos, a gorila Koko, que perdeu um filhote, pediu que lhe dessem uma gata para adotar e acabou por receber uma gatinha que cuidou como se fosse seu filhote. Na Inglaterra viveu no século IX um chimpanzé chamado Essau, que somente andava de *smoking*, ia aos restaurantes com seu dono, pagava as contas e assistia a peças de teatro.

Acreditamos que esses exemplos são suficientes para chamar a atenção à inteligência destes animais, pois se formos enumerar todos os exemplos seriam necessários outros volumes somente sobre este assunto.

> *"A alma não poderia deixar de ter o seu começo e seu nascimento no reino animal."*
> (Cairbar Schutel)

7. O que você diz sobre o condomínio corporal em seu livro é muito estranho para mim. Como pode haver outros princípios inteligentes com o meu Espírito?

R: Nossos corpos físicos são constituídos por células e cada célula é um ser orgânico. Foi dito que todo ser orgânico tem alma, então cada célula tem a sua alma também. Apesar de viver em comunidades complexas como são os corpos físicos, cada célula não deixou de ser um indivíduo que se elabora para alcançar patamares mais altos na evolução. Vejamos o que diz a literatura específica a respeito.

Em *O Livro dos Espíritos* encontramos as seguintes palavras do Espírito de Verdade: "O corpo é um **SER** dotado de vitalidade que tem instintos, porém ininteligentes e limitados aos cuidados de sua conservação".

Gabriel Delanne, em *Evolução Anímica*, escreve no capítulo III: "O organismo de um animal ou um vegetal qualquer provém da reunião, da associação de um número formidável de células" [É um elemento anatômico por excelência]; "Mesmo nas associações mais complexas, as células constituintes de um ser vivo **não perdem sua independência**. Cada uma vive por sua conta, e as diversas funções fisiológicas do animal não são senão o resultado de atos consumados por um dado grupo de células [Cada órgão representa um grupo de operários e cada operário, célula]; [Os animais superiores são **individualidades coletivas**]; [Cada um desses **seres** (aqui Delanne está se referindo às células dos corpos) reproduz um ser semelhante]. "Tão depressa surge o sistema nervoso, desde o instante em que as funções animais nele se concentram, a **comunidade viva transforma-se em indivíduo**, pois desde esse instante **o Princípio Inteligente assume a direção do corpo** e manifesta sua presença com os primeiros clarões de instintos."

O cientista contemporâneo de Delanne, Isidore Geoffroy-Saint-Hilaire, diz: "Tal como o indivíduo, a comunidade tem a sua unidade abstrata e a sua existência coletiva. É uma reunião de indivíduos, muitas vezes numerosíssima, e não pode ser considerada em si mesma como um só indivíduo, como um ser uno e, não obstante, composto"; "(...) é constituída em ser organizada em partes contínuas e reciprocamente dependentes, fragmentadas de um mesmo conjunto, posto que constituam **cada qual um conjunto** mais ou menos circunscrito, membros de um mesmo corpo, ainda que possuindo **cada qual um corpo organizado, um pequeno todo**...; [A fusão anatômica e, por consequência, a solidariedade fisiológica dos **seres** assim reunidos podem limitar-se a algumas funções vitais, ou estender-se à quase totalidade dos órgãos e funções] [Pode, igualmente, apresentar-se em todos os graus intermédios, passando por matizes insensíveis de **seres** organizados, nos quais as **vidas associativas permanecem quase independentes**, e os indivíduos nitidamente distintos, e daí a outros em que os indivíduos se vão tornando mais e mais dependentes e mistos, até aos que **todas as vidas confundem-se numa vida comum, desaparecendo, na individualidade coletiva, as individualidades propriamente ditas**].

Estes comentários de cientistas e as palavras do Espírito de Verdade dispensam outros comentários.

> *"A alma dos animais segue uma lei progressiva, como a alma humana; e que o Princípio Inteligente de que são dotados (...) finalmente estes passarão um dia do reino animal para o reino hominal"...*
> (A Gênese, capítulo III)

8. Você poderia explicar o que foi dito por Léon Denis: "O Princípio Inteligente dorme no mineral, sonha no vegetal e acorda no animal"?

R: O Princípio Inteligente, após ser criado, imediatamente se associou a outros recém-criados para trocarem experiências recentes e a partir destas associações formaram conjuntos mais complexos que deram origem a partículas subatômicas e depois partículas atômicas. As partículas atômicas serão a base da formação do reino mineral. Neste reino, os seres que o compõem possuem outro princípio, ainda dormente, ou se encontra em estado latente: o princípio vital, que ainda não se manifestou. A partir deste reino, o princípio inteligente se elabora e forma outros grupos. Tornam-se seres que se classificam em outros reinos. Ao atingirem o reino vegetal, o princípio vital já se manifesta, determinando uma vida orgânica ao princípio inteligente, mas ainda possuem um psiquismo rudimentar (a Ciência já evidenciou que os vegetais possuem psiquismo). Neste estágio, o princípio inteligente elabora-se para alcançar outros reinos superiores (animal) nos quais pode desenvolver outras formas de manifestar de modo mais completo o potencial do seu princípio vital e consegue desabrochar o potencial psíquico a ele relacionado. Além desse, o princípio inteligente manifesta de modo mais completo em corpos animais e continua a se desenvolver ainda mais.

Então, em resumo, podemos dizer que o princípio inteligente no mineral possui o princípio vital que ainda dorme (latente) e não se manifestou. No reino vegetal, o princípio inteligente já pode dispor de algumas manifestações elaboradas do princípio vital, mas o psiquismo é embrionário e por fim o Espírito que passou por todos estes caminhos já tem domínio maior de seu psiquismo por meio do princípio vital mais livre, que surge de modo mais completo no reino animal.

> *"Todos nós pagamos tributo ao reino inferior para chegarmos ao reino humano."* (Cairbar Schutel)

9. Os indígenas e selvagens de modo geral são seres humanos recém-chegados à nossa espécie? Eles são animais recém-chegados à Humanidade?

R: Não podemos afirmar isso, mas com certeza são pessoas que possuem grande senso de responsabilidade e de comprometimento em defesa da Natureza. Eles não abusam de seus recursos e preservam-na porque se sentem parte dela. Os humanos urbanos não possuem as mesmas noções de Natureza que os que vivem no meio dela. O fato de sermos pessoas que vivem em cidades não é determinante para indicar nosso grau de evolução espiritual. Creio que os ditos selvagens são, em alguns aspectos, ainda mais desenvolvidos que nós e têm maiores possibilidades de entender e respeitar a Natureza. Há entre nós, os urbanos, pessoas agressivas e cruéis, que não respeitam nem o seu próximo, frequentemente tentam burlar as leis dos homens e se comprazem na crueldade pela crueldade.

Entre os selvagens isso não acontece. Eles se respeitam mutuamente. O que não podemos nos esquecer é de que os selvagens não formam um grupo à parte na Natureza. Eles são seres humanos e todos nós, cedo ou tarde, passaremos pela experiência destas culturas que têm muito a nos ensinar.

> *"A alma do homem no seu início, na sua infância, teve por origem uma série de existências que precedem o período que chamamos de Humanidade."* (O Livro dos Espíritos, p. 607a)

10. Você disse que no livro *A Gênese* encontramos que todos os seres orgânicos têm alma. Então até um germe possui alma. Se for assim eu não posso nem tomar um antibiótico, pois estarei prejudicando a evolução destes. Não posso mais comer um vegetal, pois também estarei matando um ser que tem alma. Como viveremos?

R: Os seres orgânicos necessariamente precisam se alimentar de moléculas orgânicas para sobreviver. Alimentarmo-nos é uma obrigatoriedade para sobrevivermos, portanto, não há o que se discutir até que existam alimentos alternativos que substituam os de origem vegetal e animal. Quando nos alimentamos de algum vegetal, não há necessidade de matá-lo, pois quando colhemos uma fruta a árvore não morre.

No que se refere aos micro-organismos patogênicos, há o fator instintivo de sobrevivência, em que o ser busca as condições de manter a saúde do corpo físico.

Nosso corpo produz os "anticorpos", são substâncias que têm por finalidade matar os organismos patogênicos que invadem nosso organismo causando doenças.

É natural que um morra para que outro sobreviva, ou seja, é a lei do mais forte. Ainda assim, mesmo que o micro-organismo patogênico não seja afetado pelas substâncias naturais do corpo, ou os "anticorpos", a Natureza se incumbe de fazer isso pelo fator de "controle de natalidade" entre os micro-organismos: ao atingirem um determinado patamar populacional, estas liberam uma substância intrínseca que mata algumas bactérias impedindo a superpopulação. Assim, quando usamos um antibiótico, estamos agindo de acordo com nossos impulsos instintivos, que visam à sobrevivência.

Outro aspecto interessante é o fato de que os micro-organismos retornam ao mundo físico mais rapidamente do que imaginamos.

> *"A verdadeira vida, tanto do animal como do homem, não está no invólucro corporal, do mesmo modo que não está no vestuário. Está no princípio inteligente que preexiste e sobrevive ao corpo."*
> (A Gênese)

11. O Princípio Inteligente dos animais vai evoluindo com as diversas reencarnações deles até caminhar para Humanidade e aí sim se torna espírito (princípio inteligente não só material, mas também com moral e livre-arbítrio)?

R: O Princípio Inteligente, princípio espiritual ou Mônada são sinônimos de espírito (com "e" minúsculo). Quando adquirem experiências das diversas passagens pelos mundos físicos, tornam-se aptos a ingressar nos patamares mais elevados da evolução na fase de Humanidade. A partir desta fase, ele adquire maior liberdade de escolha, pois pode exercer melhor seu livre-arbítrio, que já existia desde fases mais primitivas anteriores à fase humana.

Em *A Gênese*, de Allan Kardec, encontramos:

> *"Todas as almas têm a mesma origem e são destinadas ao mesmo fim. A todos o Supremo Senhor proporciona os mesmos meios de progresso, a mesma luz, o mesmo amor."* (A Gênese)

12. Acredito na evolução dos animais, mas e quanto aos outros reinos? Antes de animais eles passam pelos reinos mineral e vegetal?

R: Sim. Os seres evoluem como se vê em *A Gênese*, de Allan Kardec: "Do átomo ao arcanjo". Os animais assim como nós (como princípios inteligentes) passamos por fases mais primitivas e evoluímos até onde estamos atualmente e continuaremos a evoluir infinitamente. Em nosso planeta, existem seis reinos conhecidos: Mineral, Monera (bactérias), protista (protozoários), fungi (fungos), vegetal e animal. Passamos por todos eles e não somente esses, mas por outros em mundos desconhecidos de nós. Veja o que diz o Espírito de Verdade:

> *"A molécula dos minerais tem sua quantidade desta vida (Princípio vital), do mesmo modo que a semente e o embrião, e se agrupam, como no organismo, em figuras simétricas, que constituem o indivíduo."* (Espírito de Verdade)

13. Li em um livro que quando o animal (um cão ou gato, por exemplo, ou outro animal domesticado) perde o medo do homem, já evoluiu bastante, então passará a ser espírito com princípio moral além do material. Comente sobre isso.

R: Os parâmetros de evolução em que se baseiam os espíritos encarregados da evolução dos animais não são o medo ou a coragem de conviver com os humanos. Existem outros meios de se identificar um Espírito apto a entrar nas fileiras da Humanidade, que são mais seguros e com certeza mais corretos e apropriados para avaliação de seu grau evolutivo. Quando um animal aprende a conviver com os seres humanos e não mais os teme, sem dúvida é um bom parâmetro para nossa avaliação de convivência com outras espécies, mas não serve de avaliação do seu grau de desenvolvimento espiritual. Se fosse assim tão simples, seria mais fácil evoluírem e atingiriam rapidamente altos padrões de evolução em menos tempo. Mas não é isso que acontece. Há pombos que perambulam pelas ruas sem nenhum temor, mas não estão em condições de se encaixar em patamares do nível, por exemplo, de um chimpanzé ou um cão. Há insetos que são treinados para auxiliar o homem a localizar drogas, mas nem por isso estão aptos a se adiantar na escalada evolutiva. Há um longo caminho antes disso, mesmo que já não temam a presença do ser humano. Há espécies animais que vivem em isolamento e por isso mesmo não temem o ser humano, mas isso também não é indicativo de evolução.

Para adquirir experiência que o eleve em níveis morais é necessário que aproveite seu aprendizado e o aplique em favor de outros e não de si mesmo. Isto se chama altruísmo. Esta característica pode ser encontrada entre nós, entre alguns cães, gatos, bovinos, equinos, macacos, golfinhos e outros animais mais evoluídos. Alguns destes animais são capazes de morrer para que outro animal se salve.

> *"A revelação espírita soluciona o problema da alma dos animais ao mesmo tempo que esclarece a gênese da alma."* (Espírito de Verdade)

14. Já ouvi dizer que há planetas em que os animais são mais inteligentes que os da Terra. O que você acha?
R: Sem dúvida há planetas em que os animais são mais inteligentes do que a maioria dos animais daqui. Há mundos nos mais variados graus de evolução e os animais acompanham a evolução do planeta em que estão. Em um orbe primitivo, os habitantes são primitivos. Em um mundo evoluído, os habitantes também o são. Podemos encontrar no Evangelho: "Há muitas moradas na Casa de meu Pai". Isto significa que há inúmeros mundos onde os espíritos têm oportunidade de estagiar. Assim como há inúmeros espíritos ou princípios espirituais em diferentes graus de evolução, há inúmeros mundos diferentes onde esses espíritos podem se adaptar de acordo com seu grau de evolução e necessidades evolutivas. Espíritos atrasados não se adaptariam em planetas mais adiantados e espíritos mais adiantados se demorariam demais a se adaptar aos orbes primitivos. Nos mundos onde os seres humanos são mais adiantados, os animais também são, pois a energia do ambiente é própria para estes seres mais avançados. Os espíritos que habitam corpos de golfinhos são exemplos de espíritos que habitam corpos de animais mais avançados que em outros mundos são auxiliares dos seres humanos.

> *"Não há na carne do homem, no sangue, nos seus ossos, um átomo diferente daqueles que se acham nos corpos dos animais."* (Cairbar Schutel)

15. Como funciona a transformação do animal para o homem?

R: Os animais passam por fases evolutivas em reinos desconhecidos pela maioria das pessoas. Além dos reinos animal, vegetal e mineral, existem o dos fungos, dos protozoários, das algas, e ainda inúmeros outros nos diferentes mundos. Não obrigatoriamente tivemos de passar por todos estes para chegarmos à condição atual, mas é bem provável que tenhamos passado por quase todos os reinos da Natureza. Fomos criados como princípios inteligentes e, ao nos associarmos a outros, assimilamos suas experiências, somando-as para que a evolução se processe mais rapidamente. De associação em associação estagiamos pelos reinos mais primitivos da Natureza, passando pelos mais adiantados até atingirmos os reinos mais evoluídos. Depois de passarmos pela fase vegetal entramos no animal e de espécie em espécie atingimos a fase humana.

> *"A alma não poderia deixar de ter seu começo, nascimento no reino animal."* (Cairbar Schutel)

16. Por que alguns livros separam a evolução do homem e dos animais dizendo que a evolução de um para outro não acontece e é incompatível?

R: Possivelmente ou você não entendeu o que o autor tentou explicar ou o autor está em equívoco, pois: "Por ter passado pela fieira da animalidade, com isso o homem não seria menos homem." (*A Gênese*, cap. XI, item 23)

"Não seria mais animal como o fruto não é a raiz, como o sábio não é o feto informe[1] pelo qual começou no mundo"; "Todas as almas têm a mesma origem, e são destinadas ao mesmo fim; A todos o Supremo Senhor proporciona os mesmos meios de progresso, a mesma luz, o mesmo Amor". "O Princípio Inteligente, distinto do Princípio Material, se individualiza, se elabora em passando pelos diversos graus da animalidade; é aí que a alma ensaia para a vida e desenvolve suas primeiras faculdades pelo exercício; seria o tempo de incubação." (*A Gênese*, cap. 11, item 23)

"O Espírito não recebe a iluminação divina que lhe dá à consciência a noção de seus altos destinos, sem ter passado pela série divinamente fatal dos seres inferiores, entre os quais se elabora, lentamente, a obra de sua individualidade; é somente a partir do dia em que o Senhor imprime sobre sua fronte o seu augusto tipo que o Espírito toma lugar entre as Humanidades." (*A Gênese*, cap. 6, item 19)

> *"Os homens atuais formam uma criação nova, ou são descendentes aperfeiçoados dos seres primitivos? – São os mesmos Espíritos que voltaram para se aperfeiçoar em novos corpos, mas que ainda estão longe da perfeição."* (O Livro dos Espíritos)

---
[1] *O Livro dos Espíritos*, p. 607.

17. Por que dizem que o homem é uma criação à parte? Não seria uma contradição e uma injustiça da parte de Deus que criaria seres que teriam futuros independentes e de certa forma privilegiados? Se for assim, Deus não estaria sendo parcial em detrimento dos animais?

R: Deus, sem dúvida, é infinitamente Bom e Justo. A confusão de algumas pessoas talvez resida na má interpretação ao lerem o enunciado de *O Livro dos Espíritos*: "...O Homem é, de fato, um ser à parte porque tem faculdades que o distinguem de todos os outros e tem outro destino. A espécie humana é a que Deus escolheu para a encarnação de seres que o podem conhecer...".

Dizer que o homem é um ser à parte não significa dizer que foi criado à parte e nem que seja privilegiado, pois se refere à aquisição de uma posição evolutiva relativamente elevada depois de muita elaboração nas fases primitivas da evolução. Desde que atingimos tal posição, que se situa acima da maioria dos outros animais (sempre é bom lembrar que ainda estamos estagiando na fase animal), conseguimos também o direito de usar as várias capacidades desenvolvidas nestas lides.

Adquirimos a capacidade de lidar com a espiritualidade, conhecer e entender alguns de seus aspectos, o que falta aos demais animais de escalas inferiores. Depois de nos elaborarmos nas "fieiras da animalidade", nós, como espíritos humanos, conseguimos nos destacar dos demais seres animais porque, em muitos aspectos, deixamos de agir por comportamentos exclusivamente instintivos. O destino dos animais que se encontram em posição anterior a nossa é o de se tornar um espírito apto a encarnar em um corpo humano.

Então o ponto alto da evolução animal é poder encarnar como humano. Entretanto, o destino do espírito do humano, que já alcançou aquele destino primário de se tornar humano, é o de atingir outras fases superiores, se tornar "arcanjo" e conhecer a Deus. Uma vez tendo atingido a meta de poder encarnar como um ser de grande evolução espiritual, recebemos um corpo que nos será ideal para manifestar os nossos potenciais, ou seja, recebemos um corpo humano.

Como percebemos, o espírito encarnado como ser humano não partiu de uma criação à parte, mas é simplesmente um espírito que se apartou dos demais animais. Só isso!

> *"Onde passa o Espírito essa primeira fase do seu desenvolvimento? – Numa série de existências que precedem o período a que chamais Humanidade."*
> (O Livro dos Espíritos)

18. Nossa evolução (e dos animais) pode ser entendida como a mesma da teoria da evolução das espécies de Darwin?

R: Não podemos confundir nossa evolução através de passagens corporais (em corpos físicos animais ou humanos) com a evolução das espécies. A teoria da evolução das espécies de Darwin é uma teoria terrestre, enquanto a evolução do Espírito segue caminhos diferentes. Quando nos referimos a essa evolução, não a relacionamos ao corpo físico, mas somente ao Espírito (os corpos acompanham nossa evolução). Os corpos físicos na verdade não evoluem, mas são introduzidos no mundo físico conforme a necessidade evolutiva dos espíritos ou princípios inteligentes que aprendem neste ou em outros mundos. Esses corpos são modelos preexistentes, materializados a partir de seleções de genes que já existiam nas células dos corpos animais que os originariam pela primeira vez. Ao contrário do que supõe a Ciência, essas características não surgem ao acaso, mas têm sua manifestação facilitada propositadamente pelos espíritos encarregados disso. Quando surge uma nova característica corporal, podemos dizer, então, que não surgiu ao acaso, mas surgiu porque os espíritos encarregados selecionaram os genes que continham inscritas essas novas características que deveriam se manifestar no corpo que formará um novo modelo neste mundo físico. Assim, concluímos que os corpos que aparentemente evoluem, na verdade surgem acompanhando a evolução do Espírito dentro de sua necessidade.

19. Se o animal não tem carma, não tem débitos a acertar, como se processa a sua evolução?
R: Carma é um conceito hindu que se relaciona à lei de causa e efeito, mas este conceito budista é diferente

do que entendemos como lei de causa e efeito, pois de nenhum modo pode ser modificado ou aliviado. Equivaleria à lei de Moisés: "Olho por olho e dente por dente". Errou, tem de pagar. No conceito espírita, o importante é o aprendizado e não o castigo. De qualquer modo o importante é salientar que a evolução é independente de carma. Tudo no Universo é dinâmico e evolui. Somente o ser humano e outros seres com o mesmo grau de consciência necessitam quitar suas dívidas antes de retomar seu caminho evolutivo.

O Espírito de Verdade disse em *O Livro dos Espíritos* que tudo na Natureza se encadeia e tende à unidade, isto é, tudo evolui, mas nem tudo que evolui precisa passar pelas leis de ação e reação para isso. O Espírito de Verdade disse também que tudo tem o mesmo ponto de partida e terá o mesmo fim, isto significa que, independentemente de carma ou não, evoluímos desde nossa criação como seres simples e ignorantes rumo aos pontos altos da evolução. Indo do "átomo ao arcanjo".

Crer que somente se evolui por meio do carma é como crer que somente o devedor evolui e isso não pode ser. O devedor é aquele que tem débitos a quitar e por isso está paralisado em sua evolução e somente a retomará após quitar o que deve à sua própria consciência. Todos os seres do Universo evoluem, independentemente de existir ou não esta lei, mas podem se estagnar quando atingem a fase humana por contraírem tais dívidas.

> *"Todas as almas têm a mesma origem."*
> (Cairbar Schutel)

20. Gostaria de saber qual o patamar evolutivo dos elementais.

R: Os elementais são seres que se encontram em uma faixa evolutiva entre os animais e os seres humanos, nas mais variadas fases deste trajeto evolutivo dos animais. A faixa extrema de evolução dos elementais está próxima da Humanidade, mas existe elementais em faixas de evolução bastante primitivas, em que podem ser encontrados como estágios paralelos aos animais inferiores. No entanto, esta fase evolutiva dos elementais somente se dá na dimensão espiritual. Eles não são seres encarnados, são seres espirituais. De acordo com as referências de *O Livro dos Espíritos*, os elementais são classificados no nono grupo de espíritos ou espíritos levianos. Allan Kardec não cita o fato de estarem em fases intermediárias entre animais e humanos. São bastante infantis no sentido evolutivo, por isso se comportam de modo leviano. Não são maus, mas são indisciplinados muitas vezes. No entanto, levam suas tarefas a sério, porque sua evolução depende de seus trabalhos benfeitos. São auxiliares de espíritos superiores.

21. Pode-se afirmar que um dia nós fomos animais, ou seja, nesta categoria diferente que você citou? Os espíritos dos animais podem tornar-se seres humanos? (ex. cachorro – homem).

R: Não. Não é correto dizer: já fomos animais, como também não é correto dizer: somos seres humanos. Na verdade, não fomos animais, mas estivemos animais. Não somos humanos, mas estamos humanos. Algumas vezes usamos este verbo: "ser" por hábito, mas o verbo correto é "estar". Nós estivemos estagiando em fases animais assim como estivemos em fases correspondentes aos vegetais e minerais anteriormente. Não é correto, também, dizer: "Nós já fomos vegetais ou já fomos minerais". Assim como tudo no Universo evolui e alcança a perfeição, os animais entrarão na fase de Humanidade e estagiarão nesta fase em que nos encontramos hoje. Futuramente estagiaremos em fases mais elevadas da evolução até atingirmos níveis elevadíssimos que nem imaginamos existir. O Espírito de Verdade disse: "Tudo na Natureza se encadeia e tende à unidade". A Unidade é Deus.

Deus nos criou como princípios espirituais (como indivíduos) que evoluem e adquirem aprendizado suficiente para nos tornarmos aptos a nos adaptar a algum reino conhecido pela Ciência. O primeiro reino é o mineral, no qual o princípio vital existe, mas está em forma latente. Esse princípio vital desabrocha nas fases seguintes que, segundo alguns cientistas, pode ser a molécula de DNA (que tem capacidade de se replicar), pode ser o ser viral, ou vírus. Para outros cientistas, a fase inicial de vida ocorre somente na célula (inicialmente bacteriana depois vegetal e animal). Esta célula é a morada do princípio espiritual em evolução, que a seguir, depois de estagiar nas fases iniciais, adapta-se a corpos primitivos de seres pluricelulares simples. Depois de estagiar nesta fase e de ter adquirido experiência suficiente para entrar na fase seguinte: o reino vegetal, o princípio inteligente continua sua evolução e passa a fazer parte de um outro reino intermediário, que talvez seja o reino fungi (dos fungos) antes de entrar para o reino animal em que está também o ser humano. Nesta fase é que a consciência desabrocha em sua plenitude (para o nosso nível), e o princípio espiritual ou inteligente passa por várias reencarnações e de corpos em corpos cada vez mais modernos e mais bem adaptados para atingir futuramente a fase de Humanidade. Todas as etapas se passam de modo lento e gradativo ao longo de milhares ou milhões de anos neste e em outros mundos. O certo é que passamos e passaremos por todas as fases que forem necessárias para atingirmos a unidade.

> *"O cão é sempre cão e o asno é sempre asno, mas o Espírito que anima aqueles corpos vem de longe e destina-se às esferas elevadas onde reina a felicidade."* (Cairbar Schutel)

22. É possível a reencarnação de um ser humano em animais e vice-versa?

R: A partir do momento em que fomos criados como princípio inteligente ou espiritual, tendemos a evoluir sempre e sempre em sentido progressivo e nunca regressivo. A água do rio não retorna à sua nascente subindo contra a correnteza. Uma vez criados, progredimos e passamos sempre para fases cada vez mais adiantadas. Um médico formado não necessita retornar ao pré-primário para aprender algo que já aprendeu na infância. Ele já conhece tudo o que uma criança poderia aprender naquela fase. Se, em tese, fosse possível um retorno, esse retorno seria apenas uma perda de tempo. Entre os orientais, no Budismo, existe a teoria de que uma pessoa pode reencarnar na vida seguinte como um animal e até como um vegetal para cumprir seu carma. Isso, segundo a Doutrina Espírita, não ocorre, pois reencarnar como um ser de classificação inferior na escala evolutiva seria o mesmo que retroceder.

A teoria da metempsicose não é válida dentro da Doutrina Espírita. Não podemos afirmar que seja impossível, mas não é prático e não tem alguma importância para a evolução. Dizem que Jesus ao reencarnar precisou passar por fases difíceis para se adaptar a um corpo físico, sendo Ele um Espírito evoluidíssimo. Os exilados de Capela viviam em um mundo mais evoluído e em corpos mais sutis também, no entanto foram enviados ao planeta Terra, um orbe primitivo em que os habitantes humanos se revestiam de corpos grosseiros e primitivos. Reencarnaram aqui em situação inferior à que viviam naquele outro mundo e a ideia da metempsicose surgiu com a vinda desses habitantes de Capela. Por terem vivido, anteriormente, em corpos mais evoluídos e depois reencarnado em corpos primitivos, surgiu, inconscientemente, a ideia da possibilidade de um ser mais evoluído retornar em fases anteriores da evolução. Essa ideia ficou enraizada por muito tempo, mas foi esclarecida com o surgimento da Codificação Espírita. Então é possível voltar em um corpo primitivo, e no caso dos capelinos foi uma necessidade para auxiliar a alavancar a evolução, mas não é prático em se tratando de voltarmos como animais ou vegetais porque eles não têm a mesma consciência que nós.

23. A evolução dos animais ocorre sempre na mesma raça ou pode mudar?

R: As palavras "sempre" e "nunca" dão uma ideia de eternidade. Se algo ocorre dentro destes conceitos, então não ocorrerá evolução alguma. Se fosse sempre, ou eternamente, na mesma raça ou na mesma espécie não haveria evolução. Se não pudessem estagiar e aprender em outros corpos e em outras raças, eles nada aprenderão além do que poderiam aprender naquela raça ou espécie onde estão. Ficariam estagnados, como se estivessem condenados a uma vida sem evolução. Isso não acontece, pois como é dito pelo Espírito de Verdade: "Tudo na Natureza se encadeia e tende à unidade", isto é, tudo evolui e se dirige a Deus.

Por isso eles podem reencarnar em uma mesma raça ou espécie até atingirem o grau de aprendizado de que necessitavam, mas depois que aprenderam e assimilaram as lições da vida daquele estágio evolutivo, eles, os animais, passam para outras espécies ou raças e depois do aprendizado nesta outra fase seguinte, alcançarão outra e outra e assim por diante. O princípio inteligente teve começo, pois foi criado em algum momento, mas não terá fim. Depois de passarem por todas as espécies e adquirirem todo o aprendizado de que seu Espírito necessita, então entram para a fase de Humanidade, na qual continuaremos a evoluir infinitamente.

> *"O Homem atravessou a escala zoológica para chegar a ser Homem."* (Cairbar Schutel)

24. Como podemos criar um animal doméstico sem que ele perca seus instintos?

R: Os animais estão conosco há mais de dez mil anos. Os cães foram os primeiros a se aproximar de nós em uma espécie de troca de favores. Eles nos avisavam da aproximação de inimigos e nós os protegíamos e os alimentávamos. Desde que a civilização avançou, os cães tornaram-se apenas companhia e não ocorreu mais aquele tipo de troca que existia no começo. Estabeleceu-se entre eles e nós um laço de confiança e de certa forma de dependência. Eles ficaram sem opções. Ou ficam conosco ou morrem de fome e frio pelas ruas de nossas cidades, porque não são mais animais selvagens e não caçam para viver. Dependem de nós que os tiramos do seu meio natural e agora há muitos que são abandonados. Por causa deste convívio e dessa dependência, perderam muito de seus instintos de sobrevivência. No entanto, já que não poderão novamente se tornar selvagens e voltar às florestas de seus ancestrais, precisamos auxiliá-los a continuar em sua escalada e o controle de parte destes instintos faz parte deste aprendizado. O convívio conosco não foi obra do acaso. Fomos aproximados, uns dos outros, para ajudá-los na evolução. Auxiliá-los a dominar seus instintos. Ser doméstico é contrário a ser selvagem. Se o animal for doméstico não é mais selvagem e, portanto, seus instintos já estarão diminuídos. No entanto, eles não são seres humanos. Não podemos impor a eles um comportamento idêntico ao nosso nem podemos exigir deles algo que está fora de seu alcance, pois isso os confundirá. Trate seu animal como animal, mas sempre o trate com respeito.

25. Qual o animal mais evoluído, o que come ou o que é comido?

R: À medida que evoluímos, desde o momento em que fomos criados como princípios inteligentes, nos engajamos no mundo físico a fim de angariarmos o aprendizado necessário para nosso crescimento espiritual, passando por fases em que precisamos dos instintos para nos manter pelo maior tempo possível nesse mundo físico, que é onde ocorre grande parte de nossa evolução. Conforme evoluímos espiritualmente, nossos corpos vão se tornando cada vez mais sutis e chegará um dia em que teremos corpos tão suaves que se assemelharão a corpos espirituais, mesmo estando encarnados. Mas enquanto ainda temos corpos densos e necessitamos de nutrientes obtidos de corpos de outros seres encarnados, não podemos nos gabar de ser (em termos de necessidades físicas) diferentes dos animais que consideramos, muitas vezes, inferiores. Nós ainda precisamos matar para nos alimentar como fazíamos na idade das cavernas. Nesse sentido podemos dizer que tanto os animais que se alimentam da carne de outros animais quanto aqueles que são caçados para servir de alimento para o outro indicam que ambos pertencem a um planeta primitivo, portanto nenhum dos dois pode ser classificado como seres evoluídos, pois a necessidade de caçar é própria dos atrasados. Estamos mais evoluídos que os animais por termos algumas noções de moral, que lhes faltam, mas somos quase tão atrasados quanto eles em função dessa necessidade de nos nutrirmos de carne.

Vegetarianismo

"Não podemos renovar os sistemas econômicos dos povos, de um momento para outro, nem substituir os hábitos arraigados e viciosos de alimentação imprópria, de maneira repentina..., mas na qualidade de filhos endividados para com Deus e com a Natureza, devemos prosseguir no trabalho educativo, acordando os companheiros encarnados, mais experientes e esclarecidos, para a nova era em que os homens cultivarão o solo da terra por amor e utilizar-se-ão dos animais com espírito de respeito, educação e entendimento..." (André Luiz – Missionários da Luz)

26. O que você acha da alimentação à base de carne? Você faz uso?

R: Deixei de me alimentar de carne já faz algum tempo e me pego pensando em como me demorei em dar conta do que fazia ao ingerir restos mortais de outros seres. Eu nunca fui admirador do consumo de carne, mesmo antes de saber o que era consumi-la, mas quando parei para pensar sobre o que eu levava à minha boca, desde então nem mesmo um peixe ou um camarão entra em meu estômago, pois me veio um repúdio e comecei a me sentir um canibal. Nem consigo me ver mais comendo partes de outro animal, pois me vem um mal-estar com a ideia.

Creio, firmado em minhas experiências, que muitas pessoas ainda se alimentam de carne ou ainda não deixaram de fazer uso de restos de animais mortos porque simplesmente não pararam para pensar. Assim que fizermos isto, imediatamente nos virá o repúdio e é provável que essa sensação persista e se deixe de comer carne.

Certa vez eu encontrei uma pessoa que dizia que não comia carne em respeito aos animais, que morrem por nossa causa. Esta frase demonstra que é alguém de espírito elevado.

> *"Uma dieta variada em itens vegetais (frutas, verduras, grãos) já atende bastante às necessidades."*
> (Irvênia Prada)

27. Deixar de comer carne somente para não impregnar seu espírito com a energia da carne não é uma atitude mesquinha e sem o mesmo valor daquele que não come carne em respeito à dor dos animais?

R: Imaginemos um motorista novato, que acabou de receber a habilitação. Cada vez que entra no seu automóvel faz todo aquele ritual ensinado na autoescola: arruma o espelho; ajeita o banco; verifica se o câmbio está em ponto morto; verifica todos os itens de segurança antes de acionar a ignição. Depois que o motor é acionado, o novato observa o seu pé que está enterrado no pedal de embreagem para certificar-se de que está pisando no pedal certo e fica com seu olhar fixo neste pé enquanto ouve o ruído do motor.

Depois de atingir a rotação adequada, o novato engata cuidadosamente a marcha mais apropriada e, sem tirar os olhos do pedal, vai aliviando a pressão no pedal ao mesmo tempo em que pressiona o pedal do acelerador. Apressadamente o novato desvia o olhar dos pés para olhar ao redor e certificar-se de que pode movimentar o seu veículo sem o perigo de abalroar alguém que passe.

O trajeto é curto, mas cada movimento necessário para movimentar o automóvel é feito metodicamente seguindo o que foi aprendido. São movimentos que para serem efetivos precisam, ao menos nesta fase, de uma atenção contínua. Depois de algumas semanas, o novato nem se lembra de ajeitar o espelho e nem de verificar a rotação do motor. Não é mais necessário verificar se os pés estão pisando no pedal correto, pois ele já sabe que estão. Depois de algum tempo, sequer prestará mais atenção nos diversos procedimentos que acontecerão mecanicamente, pois os movimentos se incorporaram a sua rotina diária.

Com alguns hábitos nossos acontece a mesma coisa. Talvez no início precisemos forçar um pouco para conseguirmos modificar algo neste hábito, mas em pouco tempo se tornará incorporado a nossa rotina e depois disso acontecerá de não mais precisarmos forçar nada porque já se tornou parte de nós. É assim que as coisas evoluem. É melhor forçar uma situação com boa intenção do que continuar estagnado.

> *"Meritório é resistir à tentação que arrasta ao excesso ou ao gozo das coisas inúteis."*
> (O Livro dos Espíritos)

28. Minha alimentação é à base de legumes e verduras, em forma de sopas, mas coloco caldos feitos à base de carne, para dar mais sabor. Só alho, sal e cebola não fica tão saboroso). De certa forma continuo consumindo a carne dos animais usando esses temperos. Por favor, oriente-me.

R: As carnes que não servem para ser consumidas diretamente pelas pessoas são enviadas a locais específicos dentro do abatedouro onde são cozidas e evaporadas para obter um concentrado proteico. A partir deste concentrado é que se obtêm os temperos que usamos nas nossas cozinhas. São produtos derivados de carnes diretamente, e para sua obtenção os animais são mortos do mesmo modo como se fôssemos consumir as suas carnes. Como dissemos, as energias densas da carne não se dispersam com o calor do cozimento, permanecendo ligadas aos produtos e subprodutos do mesmo modo que ficariam impregnados na carne fresca, não importa o tempo que leve nem os métodos utilizados. Somente são dispersas após serem transferidas para outro local, ou seja, para quem a consumir (seja encarnado ou desencarnado), que adquirirá para si as energias densas contidas nas proteínas de carne. Não importa, então, se a carne é fresca, ou se o produto é industrializado. A energia permanece e será repassada com as proteínas a quem consumi-la.

> *"A privação dos prazeres inúteis liberta o Homem da matéria e eleva sua alma..."*
> (Espírito de Verdade)

29. Que tipos de alimentos nós podemos dar aos nossos cães e gatos? Até as rações, que contêm carnes, podem ficar impregnadas por fluidos pesados da carne?
R: O sofrimento dos animais destinados ao abate para o fornecimento de carne de consumo humano fica impregnado no produto final. São energias densas e perigosas à nossa saúde e de alguns animais mais sensíveis. Quando ingerimos carne impregnada, podemos adoecer e até mesmo desenvolver tipos de cânceres no sistema digestivo, como já foi provado pela Ciência. Segundo André Luiz (Espírito), não precisamos mais da energia

da carne para nutrir nosso corpo porque já estamos mais adiantados do que acreditamos. Essas energias pesadas, impregnadas na carne, permanecem por muito tempo nas peças, resistem ao cozimento e preparações culinárias e nos atingem e aos animais que os consomem. Mas nos vem a dúvida sobre os animais selvagens que se alimentam com carne. Por que para eles a carne não é perniciosa como é para nós e para os animais domésticos que se alimentam de carnes industrializadas? Na Natureza os animais caçam para se alimentar e não os mantêm em cativeiro antes de matá-los depois de muito estresse, dor e sofrimento. Os animais caçados são pegos de surpresa e desencarnam sem perceber o que aconteceu, sem sofrimento e sem dor. Um processo natural ativa um mecanismo de desligamento quase automático que libera o espírito que ocupa o corpo do animal caçado e o devolve ao mundo espiritual sem sofrimento e sem acúmulo de energias perniciosas. Esses animais que se alimentam de carne estão cumprindo uma necessidade imposta pelo seu corpo que os obriga a caçar e matar para nutri-lo. Faz parte de sua Natureza de ser primitivo. Os animais domésticos carnívoros são obrigados a se alimentar de carnes industrializadas e impregnadas. Isto expõe sua saúde a essas energias perigosas, ficando sujeitos a enfermidades. Mesmo as rações animais são produzidas a partir de carnes industrializadas que contêm aquelas energias densas de sofrimento que comentamos anteriormente. As enfermidades decorrentes dessa exposição talvez sejam o preço que eles precisam pagar para conviver conosco. Os animais não totalmente carnívoros, como os cães, por exemplo, ainda podem ter sua alimentação substituída por rações vegetais, mas os gatos não podem, sob o risco de adoecer ainda mais rapidamente se não receberem carne em sua dieta.

> *"A ingestão de alguns produtos de origem animal (leite, ovos) atendem às exigências de nosso corpo."*
> (Irvênia Prada)

30. Aboli a carne até mesmo de peixe da minha alimentação, porém fico com dúvida sobre o consumo de produtos como xampus, cosméticos e remédios que usam animais em experiências. É difícil saber se a empresa age assim. O que faço?

R: Parabéns por sua decisão de não se alimentar de carne (até mesmo de peixes, que também sofrem em nossas indústrias produtoras de alimentos). Quanto aos fabricantes de produtos cosméticos, que utilizam animais como cobaias, há na internet *sites* em que podemos encontrar listas com essas referências. Se deixarmos de consumir os produtos destas empresas estaremos forçando--as a encontrar outros meios, que não os animais, para testar seus produtos. A cada produto que compramos destas empresas estamos estimulando mais seu uso. As pessoas compassivas com os animais, sabendo que milhares deles morreram em sofrimento para obtenção daquele produto, não conseguiriam usá-los. Somente a pressão econômica para fazer com que os fabricantes mudem sua conduta a respeito dos animais. Quem dera esta consciência atingisse mais pessoas para que não usassem os animais nestes experimentos que poderiam facilmente ser substituídos por medidas alternativas. Há experimentos absolutamente dispensáveis, que na verdade nada acrescentam aos conhecimentos sobre o que já se sabe do produto testado, mas fazem sofrer os animais inutilmente.

> *"A missão do superior é a de amparar o inferior e educá-lo."* (André Luiz – Missionários da Luz)

31. Como foi dito, os animais são muito parecidos com os seres humanos. Logo, matar, mesmo que para alimentar-se, é tão condenável como matar um homem para tal fim.

R: Erasto disse em *O Livro dos Médiuns*: "Os animais têm certas paixões, são vingativos, odientos, e têm outros sentimentos idênticos aos dos humanos". Eles (os animais) são mesmo muito parecidos conosco em vários aspectos de comportamento. Sabendo disso, alimentar-se da carne desses seres pensantes e que sentem seria quase equivalente ao canibalismo. Se não sabemos, por total ignorância, que os animais se assemelham bastante a nós em sua maneira de agir e pensar, existe uma atenuante, do contrário isso não mais serve de desculpas para matar e consumir sua carne.

Existe uma frase em *O Livro dos Espíritos* que diz: "A carne nutre a carne", pois nossos corpos físicos exigem componentes físicos para se manter e para manter coesa a energia vital que faz o nosso Espírito interagir com este mundo por intermédio do corpo; no entanto nossas necessidades de proteínas de origem animal vêm decaindo a ponto de não mais necessitarmos delas em breve. Atualmente a carne vem sendo acusada de ser a causa principal de câncer nos intestinos. Como dizíamos, os corpos densos precisam (como é o caso de muitas pessoas) nutrir-se de proteínas de origem animal, mas o Espírito da maioria das pessoas se encontra em estágio evolutivo relativamente avançado em que nossos corpos já estão se adaptando à nossa nova condição espiritual. Nela, as proteínas animais não são as mais importantes em nosso organismo, que precisa de energias mais leves. Estamos mais evoluídos que há séculos atrás e estamos nos atrasando na continuidade desta evolução ao continuar consumindo carne. No entanto, não podemos ser radicais. A mudança de hábito alimentar deve ser gradativa para não haver traumas emocionais e dependerá de um esforço da nossa vontade. Como existem muitas pessoas necessitadas deste tipo de proteínas, não há uma condenação pelo seu consumo, todavia convém meditarmos a respeito deste hábito, que precisa ser abandonado em breve, se quisermos continuar a evolução.

> *"A privação dos prazeres inúteis liberta o homem da matéria e eleva sua alma."*
> (Espírito de Verdade)

32. Os vegetarianos estão, assim, de acordo com a lei de amar ao próximo, já que consideram os animais seus irmãos?
R: Sim. Os vegetarianos provavelmente têm uma percepção maior de universalismo, pois o vegetarianismo é uma filosofia. Os seus adeptos creem que consumir a carne de animais é um desrespeito e, mais que isso, é um crime. Os mais radicais acabam por perder as referências de respeito pelos seres humanos que têm o direito de se alimentar com a carne dos animais, ainda que choquem algumas pessoas. Com isso acabam se afastando da Lei do Amor. Em outros países existem grupos radicais de vegetarianos que se assemelham a grupos terroristas que agridem as pessoas que comem carne. Não podemos forçar as pessoas a serem o que ainda não podem ser. Muitos não conseguem simplesmente imaginar-se vivendo sem ingerir um pedaço de carne, mesmo sabendo do sofrimento dos animais. Se for feita uma retirada brusca do hábito destes, criaremos uma situação ainda pior e mais difícil. "Tudo na Natureza se encadeia e tende à unidade." Com estas palavras o Espírito de Verdade diz que tudo na Natureza se processa lentamente, mas caminha firme ao objetivo. Então é somente uma questão de tempo para

que deixemos de matar para comer. No entanto, não podemos perder de vista o objetivo para que possamos atingi-lo mais rapidamente.

> *"Os animais domésticos são vossos companheiros de existência terrestre; como nós, eles vieram progredir, estudar, entender, aprender! Sede seus anjos tutelares e não anjos diabólicos e maléficos, a cercá-los de tormentos, a infringir-lhes sofrimentos!"*
> (Cairbar Schutel)

33. Se a Natureza fornece tudo o que precisamos, por que o Homem necessita ainda dessa atitude carnívora?
R: No início da civilização existiam vários grupos de seres humanos: carnívoros e vegetarianos. Esses últimos eram pacíficos, não eram dados a lutas. O segundo grupo era mais agressivo, lutava por território e muitas vezes caçava outros seres humanos (vegetarianos). Com isso prevaleceu o grupo que se alimentava de carne de caça, enquanto os vegetarianos desapareceram. Nós descendemos dos carnívoros que sobreviveram e daí trazemos o hábito. Como existia um grupo de humanos vegetarianos, significa que nossas necessidades não são reais, mas, sim, habituais. O interessante é perceber que os vegetarianos eram pessoas mais calmas e pacatas enquanto os carnívoros eram agressivos. Raramente na

Natureza encontramos vegetarianos agressivos, mas, com frequência, encontramos carnívoros agressivos. Talvez esta característica esteja relacionada diretamente ao consumo de carne. Seria interessante repensarmos sobre os nossos hábitos alimentares para verificar se precisamos mesmo de proteína da carne.

> *"Se está ao nosso alcance poupar a vida e o sofrimento de outros seres vivos, por que não fazê-lo?"* (Irvênia Prada)

34. Os animais têm alma. Como fica o abate para comer sua carne? Seremos punidos por isso?
R: Como dissemos anteriormente, nossa necessidade de consumo de carne é menor que antigamente quando, por exemplo, estivemos encarnados como homens das cavernas, ou até mesmo há alguns poucos anos. Nosso próprio organismo pede que deixemos de consumir carne quando em consequência deste consumo criamos enfermidades fatais como aterosclerose, certos tipos de cânceres intestinais, inflamações hepáticas e cardíacas, gota etc. Quando nos alimentamos deste tipo de nutrientes originados de carne de animais que sofreram antes de morrer, estamos sujeitos a absorver tais energias pesadíssimas, que se impregnam em nossos corpos espirituais e se difundem ao nosso corpo físico, expondo-o a disfunções e desequilíbrios

orgânicos sérios, como os que citamos anteriormente. Uma vez instaladas as enfermidades decorrentes do consumo, vem o sofrimento e a dor, que seriam as punições mais imediatas, que não podemos atribuir a um castigo de Deus ou a uma injustiça qualquer. A fome que está se espalhando pelo mundo poderia ser sanada se simplesmente deixássemos de consumir carne e passássemos a consumir vegetais, que são abundantes e suficientes para todos. Os grãos e as áreas de pastos necessários para alimentar um bovino seriam suficientes para suprir as necessidades alimentares de várias famílias e o pobre animal não precisaria ser sacrificado. A fome que impomos aos povos menos favorecidos economicamente, pelo simples fato de estarmos retirando o espaço (e dando aos bovinos que produzirão carne) que poderia servir para produzir grãos com que alimentaríamos estas famílias é fator de importância tão grande quanto aquele de tirarmos a vida de diversos animais que farão parte do nosso cardápio.

> *"Os seres inferiores e necessitados do planeta não nos encaram como superiores, generosos e inteligentes, mas como verdugos cruéis"...*
> (André Luiz – Missionários da Luz)

35. O homem alimenta-se da carne animal e vegetais. Com isso estaremos atrapalhando a evolução animal ou vegetal, ou estaremos prejudicando nossa própria evolução?

R: Nosso corpo pede nutriente orgânico de origem animal ou vegetal (somos onívoros, isto é, capazes de nos alimentar de animais ou vegetais). Os animais evoluem com as diversas situações por que passam, até mesmo pelo sofrimento. Consumindo carne, não estaremos atrasando a evolução espiritual deles, mas a nossa somente. Ser a caça é para os animais um exercício de aprendizado de como se defender e como sobreviver em um mundo atrasado como o nosso. Quando a Natureza dispõe para nós de corpos de animais para nos alimentarmos, não podemos abusar dessa possibilidade. Alimentarmos somente do necessário é um primeiro passo para abandonar esse costume de matar para comer ou de colaborar com a matança. Os excessos à mesa nos atrasam evolutivamente. Quando se menciona sobre os hábitos alimentares de Jesus, jamais foi dito que Ele comia carne ou matou algum animal para se alimentar. Ele somente se alimentava de frutas, leite e mel. E viveu muito bem até os 33 anos e, se não fossem as contingências históricas, viveria ainda mais. O Cristo foi crucificado e morreu por ação agressiva de algumas pessoas da época e não por subnutrição.

> *"Se não protegemos e nem educamos aqueles que o Pai nos confiou; se abusamos largamente de sua incapacidade de defesa e conservação, como exigir o amparo de superiores benevolentes e sábios, cujas instruções mais simples para nós são difíceis de suportar como infratores da lei de auxílio mútuo?"*
> (André Luiz – Missionários da Luz)

36. Por que o homem tem essa necessidade tão grande de consumir carne? De onde vem esta prática?

R: Conforme já dissemos, durante os momentos de nossa evolução em que vivíamos como selvagens, quando habitávamos corpos rudes de homens das cavernas havia homens vegetarianos e carnívoros. Estes últimos mais agressivos exterminaram aqueles e proliferaram, dando origem aos seres humanos que se alimentavam de carne. Este hábito foi sendo passado aos descendentes até os dias de hoje. Aqueles corpos densos dos primitivos seres das cavernas necessitavam de grandes concentrações de proteínas animais. Hoje nosso organismo é mais sutil que antigamente. Por isso a carne, em vez de ser um meio de promover a saúde, é um meio de promover enfermidades, principalmente as digestivas e circulatórias. Depósitos de gordura nos vasos, acúmulos de ácido úrico na circulação; alergias; cânceres; endurecimento das artérias etc., são exemplos de enfermidades criadas pelo consumo de carne.

> *"... pobres seres que nos pediam roteiro de progresso e valores educativos, para melhor entender o obra do Pai..."* (André Luiz – Missionários da Luz)

37. Sendo os animais espíritos que evoluem, significa que somos irmãos. Como você vê a alimentação carnívora? Não seria melhor sermos todos vegetarianos?

R: Sim. Somos irmãos porque temos a mesma origem e fomos criados pela mesma força: Deus. Somos filhos do mesmo Pai, portanto somos irmãos. Quando não tínhamos consciência e tínhamos uma necessidade indicada pelo nosso corpo de consumir carne, seguíamos uma força instintiva de a carne nutrir a carne. Hoje esta necessidade é mínima e está em vias de se tornar parte do passado. É provável que, em um primeiro momento, ao deixarmos de consumir carne vermelha, passemos a consumir mais carnes de aves e peixes para, em próxima fase, deixarmos qualquer tipo de carne e nos alimentarmos exclusivamente de vegetais conforme nossa necessidade. Depois, no futuro, surgirão outras formas de nutrir nossos corpos e deixaremos de consumir também vegetais. Mas isso deve ocorrer gradativamente. Por enquanto ainda precisamos (a maioria das pessoas precisa de carne) nos alimentar de proteínas animais, mas as estatísticas indicam a tendência: Houve uma diminuição de 30% no consumo de carne nos últimos 10 anos. Talvez nos próximos 15 anos estejamos consumindo menos da metade da carne que é consumida hoje em dia. Na verdade, o ideal seria não ter de nos alimentarmos de outros seres vivos, mas estamos ainda encarnados em corpos densos que exigem este tipo de nutriente. Nossos corpos são compostos basicamente de carbono, nitrogênio, oxigênio e hidrogênio e para manter as funções em boa atividade precisamos renovar todas essas moléculas por meio da alimentação (a carne é abundante desses elementos).

> *"Abandonando as faixas de nosso primitivismo, devemos acordar a própria consciência para as responsabilidades coletivas."*
> (André Luiz – Missionários da Luz)

GENERALIDADES

"Amai a Deus sobre todas as coisas e ao próximo como a ti mesmo. Eis aí todas as leis e os profetas."
(Jesus)

38. Você acha que é um exagero o fato de existir salões de beleza e produtos de estética para animais?

R: O convívio com seres humanos é um aprendizado importante para os animais que estão próximos de nós, mas acho que sim. É um exagero tratá-los como seres humanos. Isso os confunde. Eu já pude presenciar animais que entraram em profunda depressão, pois eram tratados como se fossem crianças e, depois que veio uma criança como filho, foram substituídos na atenção geral das pessoas que acabam por tratá-los como animais. O problema é que não sabiam que não eram humanos e se deprimiram quando foram colocados em um quintal para morar em uma casinha, recebendo água em uma tina e comida sem a mesma qualidade de antes. Muitos desenvolvem dermatites e cânceres.

Devemos tratá-los com carinho, eles devem conhecer o que é o amor e o que é o carinho que recebem das pessoas, mas não temos o direito de confundir o entendimento deles com excessos que não lhes acrescentam nada em termos evolutivos.

> *"Bem-aventurados aqueles que têm puro o coração, porque verão a Deus."* (Jesus)

39. Eu tenho um hábito de recolher animais que vejo na rua. Moro em um apartamento pequeno e os vizinhos reclamam do barulho que fazem, mas não consigo deixar de cuidar deles quando vejo algum animal perdido. Será que isso é normal? Será que sou maluca?

R: As pessoas que alcançaram o entendimento de que os animais são seres que pensam, sentem e sofrem, desejam profundamente tirá-los de situações de sofrimento, pois são capazes de se verem no lugar deles e gostariam que todos sentissem o mesmo que ela. No entanto, nem todos têm esta sensibilidade e compaixão pelos animais, por isso não compartilham do mesmo ponto de vista. Ao contrário do que gostaríamos e esperamos das pessoas, alguns agem de modo crítico, classificando os que agem em favor dos animais como desequilibrados mentais ou fanáticos ou outras classificações pejorativas. Entretanto, essa compaixão não deve ser o objetivo de vida da pessoa, pois nosso mundo é imperfeito e não deve ser corrigido por uma única pessoa. Não podemos consertar o mundo, que nós mesmos deixamos assim. Se fizermos o que estiver dentro de nossos limites e possibilidades, que não causem desequilíbrios emocionais reais ou problemas com os familiares, estaremos fazendo bastante. Vivemos neste mundo onde o amor ao próximo está em via de se consolidar, requer ainda que os exemplos sejam o motor que fará com que as pessoas acordem para essa realidade, mas o exemplo precisa ser necessariamente de equilíbrio. Se nos tornarmos recolhedores compulsivos de animais que encontramos nas ruas, certamente não seremos bons exemplos às pessoas que talvez tenham o potencial para nos seguir.

Isso vale não somente em relação ao assunto que discorremos, mas em relação a tudo na vida, pois o equilíbrio de pensamentos e atos é de importância vital. Todos os excessos são prejudiciais. Podemos dizer que colher animais abandonados é um ato louvável, mas desde que se faça de modo consciente e dentro do limite de nossas possibilidades.

"Todo aquele que não receber o reino de Deus como uma criança, nele não entrará." (Marcos, X-13)

40. Eu falava de Deus para a minha cachorrinha antes de ela falecer. Eu sei que não entendia o que eu dizia, mas acredito que de algum modo isso iria ajudá-la porque ela estava no fim de sua vida. Estou errada?

R: O que você fez foi muito louvável e deveria ser seguido como exemplo por outras pessoas. Os animais não têm a consciência de Deus, mas podem sentir Sua presença apesar de não detectá-Lo conscientemente. Quando falamos de Deus para eles, até podem não entender o que seja isso, mas isso os aproxima Dele e serve para amenizar seu sofrimento. Com sua atitude, você facilitou a ação das equipes espirituais para que agissem sobre o espírito de sua cachorrinha, tornando a ação deles mais tranquila no que se refere ao bem-estar dela no momento da separação. O espírito de sua cachorrinha captou sua intenção de carinho e amizade por meio de suas palavras e isso foi muito importante para ela, que deixou o corpo sem dificuldade e sofrimento.

> *"Como será feliz a coletividade humana quando todos os homens compreenderem e praticarem o Evangelho."* (Emmanuel)

41. No livro *Todos os Animais Merecem o Céu*, você falou em elementais do fogo. Como é isso de elementais conversarem com os índios?

R: Os espíritos elevados necessitam do auxílio de espíritos menores. No caso do livro, Kayamã é um espírito de elevada categoria que frequentemente pede a ajuda desses espíritos de evolução paralela aos seres do nosso planeta.

De acordo com a classificação de *O Livro dos Espíritos*, os elementais encontram-se catalogados na nona classe (espíritos levianos). São considerados ignorantes, maliciosos e zombeteiros.

Em contato com os espíritos elevados, se comportam com mais disciplina, mas, estando ao seu arbítrio, podem ser brincalhões, principalmente com encarnados.

Existem nessa classe diversas subclassificações. Há os elementais da água, do ar, do fogo e das florestas.

Os elementais da floresta ou da terra são chamados entre outras denominações: gnomos, trasgos, duendes e diabretes.

Os elementais da água são as ondinas ou as sereias. São elas que auxiliam os espíritos superiores a coordenarem os processos meteorológicos relacionados às chuvas e águas dos rios e mares.

Os elementais do ar são os silfos. São eles que auxiliam nos fenômenos meteorológicos relativos à atmosfera.

Os do fogo são as salamandras. São controladores dos elementos químicos conhecidos como carbono. Manifestam-se na Natureza pelo fogo que nada mais é do que nuvens de carbono com alta concentração de energia. Por serem auxiliares, são constantemente solicitados a ajudarem e, para tanto, são contatados pela comunicação mental, como fazem os espíritos habitualmente.

> *"Todo aquele que se eleva será rebaixado e todo aquele que se rebaixa será elevado."* (Jesus)

42. Quando eu era pequena tinha muito medo de cães. Agora tenho grande ligação com eles. Por que será que houve em minha vida estes opostos?

R: Algumas pessoas passam por traumas de infância e muitas vezes nem se lembram do que aconteceu, mas se lembram da sensação. Talvez alguma experiência com cães não tenha sido benéfica e perdurou a sensação de medo por muito tempo. Pode ser, também, alguma experiência traumática ocorrida em reencarnação anterior e perdurou até a vida atual como um temor a cães. No entanto, você provavelmente suplantou o medo porque notou algo neles que lhe transmitia mais amor do que temor e venceu o trauma, transformando o medo em sentimentos mais nobres.

> *"Sede generosos e caridosos sem ostentação, quer dizer, fazei o bem com humildade."* (Lacordaire)

43. É correto comercializar animais? Isso não vai contra o que se diz: que os animais são nossos irmãos?

R: De fato os animais são nossos irmãos e como somos filhos do mesmo Pai, não é lógico que os comercializemos.

Como ter a consciência livre das culpas, se vendermos nossos irmãos como mercadoria? Valermos de nossa força ou de nossa inteligência para nos aproveitar dos companheiros de viagem evolutiva é uma prática que, cedo ou tarde, exigirá compensações aos nossos credores animais. É equivalente ao que se fazia antigamente quando se comercializavam pessoas como escravas. Os homens que se colocavam acima de outros pela força, submetendo-os a suas vontades, davam a desculpa de serem seres superiores enquanto aqueles outros eram tão inferiores que podiam ser submetidos. Esses tiranos da Humanidade consideravam os escravos como desprovidos de alma, portanto eram apenas objetos. Não acreditavam que fossem pessoas ou não queriam crer e os animais estão hoje ainda nessa situação, pois muitos ainda pensam que eles são apenas objetos para usufruto a nosso bel-prazer.

Em alguns países essa mentalidade está em via de abolição, pois a prática do comércio de animais já está proibida (com exceção dos animais produtores de carne). Mas acreditamos que em breve tempo até mesmo os animais pecuários se enquadrarão neste rol de protegidos.

> *"Bem-aventurados aqueles que são misericordiosos."*
> (Jesus)

44. Meus cachorros comem as próprias fezes. Eu já dei remédios, mas não perdem esse hábito. Disseram-me que são os espíritos baixos que fazem isso aos animais. Gostaria de saber o que o senhor acha?

R: O hábito de comer as próprias fezes ou as de outros animais ainda é um problema obscuro para a Medicina, mas existem teorias a respeito: é possível que ocorra mau funcionamento de uma glândula digestiva chamada pâncreas. Quando ele deixa de produzir uma determinada substância digestiva, os animais ingerem as fezes, pois existem micro-organismos no final do trato digestivo que produzem substâncias parecidas com aquelas que faltam na produção do pâncreas. Instintivamente, os cães sabem que, ingerindo as fezes, esses micro-organismos auxiliarão na digestão dos alimentos. No entanto, não é natural. Isso é resultado de um desequilíbrio do corpo. Nós sabemos que quando o corpo físico se desequilibra é porque o espírito entrou em desequilíbrio primeiro. Portanto, não deixa de ser um desequilíbrio espiritual. Talvez haja alguma influência espiritual sobre esse comportamento, mas não creio que estes o façam para se aproveitarem das energias das fezes. Se esses espíritos necessitam dessa energia, seria mais fácil irem direto à fonte do que induzir um animal a consumi-las. Não seria uma atitude prática. Medicamentos estimulantes do pâncreas e da digestão talvez ajudem nesses casos, pois estimulando as funções deste órgão, talvez ele se recupere.

> *"A recompensa não pode ser a paga pelo bem que não se fez."* (João – Bispo de Bordeus)

45. Os animais são inteligentes, isto é, podem nos entender ou isso não acontece?

R: Sem dúvida os animais são seres inteligentes. Para cada grau de evolução há um grau de inteligência e um corpo sobre o qual o espírito poderá se manifestar. Quanto mais inteligente o espírito que está estagiando nessa fase animal, melhor será o corpo para que seu espírito tenha mais condições de se manifestar inteligentemente. De nada adiantaria um ser inteligente estagiar em um corpo no qual não poderá expor todo o seu potencial. Por isso, a reencarnação dá a oportunidade de recebermos (e o animais também) corpos cada vez mais adequados às nossas condições evolutivas. Como já foi provado pela Ciência, o animal possui uma inteligência que se manifesta de acordo com as suas possibilidades. Há o caso dos cavalos de Elberfeld que sabiam resolver problemas complexos de raiz cúbica e raiz quadrada por um método de batidas com os cascos no chão (como na tiptologia dos espíritos no início do Espiritismo). Certa vez um desses cavalos, que estava triste, estava sendo examinado por um cientista chamado Maeterlinck. Seu dono quis saber por que estava triste e o animal respondeu por meio de batidas com as patas no solo que o tratador bateu em um de seus companheiros.

Há o caso de Rolf (citado por Cairbar Schutel em *Gênese da Alma*) que também sabia resolver problemas matemáticos e ainda conversava com a dona por um método próprio de toque com a pata dianteira. Em uma das oportunidades em que sua dona teve de se separar da filha, que iria estudar em outra cidade, ficou triste e chorou. Rolf aproximou-se e pelos toques com as patas conseguia construir palavras e disse a ela: "Não chore, senão o Rolf fica triste". O cientista C. Lilly diz que os golfinhos são mais inteligentes que os seres humanos porque eles possuem habilidades mentais que nós não temos e ainda têm 3 vezes mais células neurais que nossos cérebros. Eles processam informações 16 vezes mais rapidamente que nós.

Em suma, não podemos menosprezar a inteligência dos animais, pois eles podem nos surpreender.

> *"Cada um de nós deve trabalhar para o progresso de todos e sobretudo daqueles cuja tutela nos foi confiada."* (Dufetre – Bispo de Nevers)

46. Por que o ser humano que tem tanta inteligência não sabe expressar o amor incondicional como os animais?

R: É difícil encontrar alguém que tenha amor incondicional pelos animais na mesma proporção que eles têm por nós. Eles quando se associam aos seres humanos o fazem por simples afinidade e pureza de sentimentos de confiança, sem visar alguma vantagem ou benefício próprio em detrimento do outro. Quando um animal sente afinidade por alguém, podemos dizer que é sincero. Não existem interesses escusos. Prova disso é o encontro de animais que acompanham pessoas moradoras de rua e que são seus companheiros. Quando nos associamos a algum animal, dificilmente o fazemos com desinteresse e pureza de sentimentos. Em geral os queremos por perto para nos fazer companhia, proteger a casa ou outros motivos. O sentimento nosso para com eles surge no decorrer do tempo e da convivência, enquanto que o sentimento deles é espontâneo e instantâneo. Acredito que a inteligência do ser humano se configure como um impedimento para manifestar nossos sentimentos de forma integral, como fazem os animais, pois à medida que pensamos, também duvidamos e desconfiamos. Os animais simplesmente amam e não questionam a origem desse amor, amam a nós como somos, sem preconceitos.

> *"É preciso vencer os instintos em proveito dos sentimentos."* (Lázaro)

47. Existe a possibilidade de um dia o homem viver em harmonia com a Natureza?

R: Os seres humanos são os espíritos que passaram por fases anteriores em que vivemos em corpos de animais quando ainda éramos espíritos inexperientes, aprendendo com as adversidades do mundo animal. Passamos por todas as provas que os espíritos que vivem nesta fase (animal) hoje estão passando. Nós vencemos todas elas com bom aproveitamento. Assim continuaremos nosso trajeto evolutivo que consta, dentre outras provas, com a reaprendizagem da harmonia com o Universo ou com a Natureza. Por uma breve questão temporária ainda viveremos com esta falta de sintonia com ela (a Natureza), mas por um motivo simples, a evolução, voltaremos a nos sintonizar e viveremos em harmonia com o Universo. Somos parte dessa Natureza e não podemos nos desligar dela de forma alguma. Por isso, cedo ou tarde perceberemos que somente a nossa integração total garantirá a continuidade de nossa evolução espiritual.

> *"Os instintos são os sentimentos elevados à altura do progresso realizado."* (Lázaro)

48. Tenho muitas formigas em casa e vivo tentando me livrar delas, bem como de outros insetos. O que vocês acham? Estou errada?

R: A todo instante devemos optar pela vida, no entanto ainda somos animais e somos instintivos em muitos aspectos. Em se tratando de ações instintivas, não há o que julgar. Se é certo ou errado não podemos dizer. Medos instintivos são métodos de sobrevivência que não dependem de nossa vontade para agir. São formas de o corpo físico demonstrar sua vontade de manter-se vivo e de afastar-se daquilo que representa uma ameaça. Essa atitude é conhecida por instinto de sobrevivência. É sabido que há insetos transmissores de enfermidades graves que poderiam até matar. Aí reside o medo. Trata-se de simples ação instintiva. Não é errado nem certo. Simplesmente é.

> *"Amar no sentido profundo da palavra é ser leal, probo, consciencioso, para dar aos outros o que quereria para si mesmo."* (Sansão – membro da Sociedade Espírita de Paris – 1863)

49. Encontramos um cão abandonado, castramos e o colocamos dentro de casa. Notamos as suas angústias e a vontade de fugir, a todo custo. Para nossa surpresa, sem percebermos, ele pulou uma cerca de um metro e oitenta centímetros de altura e lanças sem nenhum arranhão. Ligamos para o veterinário e ele disse que talvez o animal não sentiu "firmeza" em ser adotado. Temos mais duas gatas e duas cadelas adotadas. Os animais devem ter o livre-arbítrio respeitado?

R: Os animais possuem, como confirmou o Espírito de Verdade, livre-arbítrio. Este não é tão abrangente quanto o nosso, que também é limitado, mas mesmo assim lhes dá uma certa liberdade de escolha nas mais diversas situações. Devemos respeitar o livre-arbítrio deles, desde que a escolha feita não lhes cause algum prejuízo maior. Nosso maior discernimento deve auxiliá-los na medida do possível. Não devemos deixá-los decidir tudo sozinhos. Por isso convivem conosco: para aprenderem a disciplina humana. No caso deste animal que esteve em total liberdade, apesar de estar nas ruas e sem amparo, ele preferia esta liberdade a uma vida mais segura, porém enclausurada.

> *"Fazer o bem sem ostentação é um grande mérito."*
> (O Evangelho Segundo o Espiritismo)

50. Qual sua visão sobre a clonagem de animais?

R: Nos anos 1970, os cientistas já desenvolviam estudos de clonagem, que foram abandonados por acreditarem que seria perigoso, caso fossem utilizados por pessoas inescrupulosas. Os próprios cientistas arquivaram os estudos porque entenderam que não estávamos ainda preparados para este novo ramo da Ciência. Hoje esta Ciência retorna com grande força porque talvez já estejamos mais aptos a desenvolvê-la com melhor proveito. No entanto, ainda vivemos os primórdios da clonagem. A Ciência ainda não sabe exatamente qual a finalidade deste novo ramo, mas, em breve, acreditamos, servirá para produzir alimentos em abundância para saciar a fome de populações e curar doenças consideradas até então incuráveis. Esse é o início de um processo que revolucionará a Humanidade, mas por enquanto exige alguns cuidados para prevenir abusos. Clonar animais não é algo pernicioso em si, mas exige critérios. O clone de um corpo seria como se fosse uma cópia do corpo que o originou, mas não é o mesmo corpo, e será habitado por outro espírito e não pelo espírito que ocupa o outro corpo. Não há possibilidade de um espírito ocupar dois corpos ao mesmo tempo. O problema de se fazer clones de corpos completos seria o fato de que o novo corpo, clonado, terá a idade do corpo de onde foram retiradas as células. Mesmo sendo um corpo novo, ele já nasce velho. Portanto, o espírito que ocupará este novo corpo terá um tempo menor de vida física do que teria se vivesse em corpos obtidos de forma natural. Não cremos que haja vantagem em se produzir corpos debilitados. Além disso, um clone não é obtido facilmente e apenas depois de várias tentativas é que se consegue obter algum sucesso. Ocorrem desperdícios de vida.

> *"Não podemos esquecer que a clonagem é do corpo físico e não do espírito. O espírito não pode ser clonado."* (Do programa "Tirando Dúvidas", da Rádio Boa Nova – AM 1.450)

51. Na sua prática clínica, gostaria de saber quais os resultados que a terapêutica homeopática pode trazer. É eficaz para um animal muito agressivo?
R: A homeopatia age no espírito, depois no corpo espiritual e o reflexo deste pode ser notado na cura do corpo

físico. Os medicamentos homeopáticos não são químicos, mas, sim, energéticos. Agem no equilíbrio do espírito por sintonia com a energia e com a personalidade do paciente. Na Natureza tudo vibra e sempre existe algo que vibra na mesma faixa, que servirá como remédio homeopático. De acordo com a personalidade do animal (e os animais têm personalidades individuais) encontramos o medicamento homeopático ideal para recuperar a saúde desequilibrada. Quando não encontramos o medicamento correto, isto é, o que tenha identidade vibratória, é necessário repetir a entrevista para encontrar o correto. Se forem agressivos e isso não for parte de sua Natureza, significa que estão em desequilíbrio. Neste caso o medicamento homeopático o reequilibrará. A terapia floral não é homeopatia, porém age de forma energética também trazendo benefícios igualmente positivos. Se o medicamento não tiver sintonia energética com o paciente, então os resultados podem ser nulos.

> *"Pensai naqueles que sofrem e orai."* (Irmã Rosália)

52. Tenho um cachorrinho *poodle* que está constantemente acompanhado por mim em casa. Em momentos que o deixamos só, como quando viajamos, ele fica com comportamento muito estranho, comendo o próprio pelo. Pode ser isso um sintoma de solidão? Tem alguma medicação para esse tipo de alteração?

R: Como disse o Espírito Erasto, os animais possuem

sentimentos semelhantes aos do homem. Allan Kardec disse que é difícil determinar o limite entre as duas inteligências, isto é, a dos animais e a nossa. Isso indica que eles são mais inteligentes e sentimentais do que imaginamos. Sentem-se tristes, alegres ou zangados. Não é de se admirar que tenham essas reações. A Ciência provou que eles são inteligentes, pensam e sentem. Quando passam por situações estressantes, ficam ansiosos a ponto de arrancam os próprios pelos. Nós não fazemos o mesmo ao roer as unhas por ansiedade? Alguns de nós também não arrancam os cabelos pelo mesmo motivo? A homeopatia é boa indicação para tratar de distúrbios de comportamento e emocionais. Também não podemos estranhar a utilização de remédios homeopáticos para animais, em tratamento de problemas emocionais, pois, como dissemos, também eles têm sua personalidade e temperamento próprios. É sabido que a terapêutica homeopática fundamenta-se nas características da personalidade para agir. Então é claro que os animais possuem personalidades e agem por padrões de sentimentos semelhantes aos nossos. Nesse caso citado, podemos dizer que sim, que pode ser sintoma ligado à solidão e ao sentimento de abandono.

> *"Foi permitido ao homem o desenvolvimento da inteligência para procurar a cura de suas doenças."*
> (Do programa "Tirando Dúvidas", da Rádio Boa Nova - AM 1.450)

Eutanásia

> *"Os animais estão isentos da lei de ação e reação, em suas motivações profundas, já que não têm culpas a expiar."* (Emmanuel)

53. O que você pensa da eutanásia aplicada aos animais?

R: Acredito na eutanásia como meio de aliviar-lhes um sofrimento que não se pode aliviar com os métodos terapêuticos convencionais. Mas note que não há restrições desde que seja praticada por um profissional devidamente apto, ou seja, um médico veterinário que, segundo a legislação e segundo a recomendação do próprio Emmanuel, mentor de Francisco Cândido Xavier, é a única pessoa capaz de avaliar essa necessidade. O veterinário também é a única pessoa habilitada a manipular as substâncias próprias desse procedimento com segurança, de modo brando e sem sofrimento. Ele usará uma anestesia que tirará a consciência do animal e provocará uma sedação para, em seguida, aplicar outra substância capaz de provocar a parada cardíaca.

A interrupção da vida de um animal por qualquer motivo que seja e não vise ao alívio de algum sofrimento recebe outro nome: assassinato. Tirar a vida de um animal futilmente é motivo de condenação nossa e certamente teremos de responder por atitudes como essa posteriormente.

> *"O espírito do animal é classificado, após a morte, pelos espíritos que a isso competem, e quase imediatamente são utilizados."*
> (Espírito de Verdade)

54. Tive de sacrificar uma pastora de 13 anos que estava com câncer, mas isso me pesou muito. Fiquei triste e até arrependida. Queria saber se ela sofreu muito com esse procedimento e como é a vida espiritual dos animais?

R: Quando o animal sofre muito em função de alguma enfermidade degenerativa que não poderá ser curada com os meios terapêuticos disponíveis e o sofrimento já se configurou como algo insuportável, o melhor é a eutanásia, que é uma conduta terapêutica que visa aliviar o sofrimento. Por meio dela são feitas aplicações de substâncias que provoquem uma parada respiratória e cardíaca. No entanto, isso somente é feito após a aplicação de um sedativo potente que desconecte a consciência do animal da realidade, para que não sofra no momento em que a substância letal esteja agindo. Esse procedimento apenas pode ser feito por um médico veterinário, da maneira mais adequada e para que não haja sofrimento ao animal. O animal e o médico que age nesse sentido nunca estão sozinhos. Sempre há uma equipe espiritual acompanhando os procedimentos de eutanásia visando a um retorno tranquilo dos animais ao mundo espiritual, onde serão preparados para a nova experiência que se seguirá, em outra reencarnação que lhe será oferecida.

Uma vez entrando na dimensão espiritual, são assistidos de perto e acompanhados com toda a atenção possível, e seu retorno poderá ocorrer rapidamente ou não.

O espírito não sente dor nem sofre como sofria quando encarcerado no corpo físico. Estando livre do físico, a recuperação da saúde é imediata.

> *"O espírito do animal (na dimensão espiritual)... não tem tempo de se colocar em relação com outras criaturas."* (Espírito de Verdade)

55. Sou veterinária e tenho uma dúvida importante. O que fazer quando aparece um animalzinho doente, sofrendo em fase terminal. Posso fazer eutanásia ou não, segundo a visão Espírita?

R: Para os animais não é levada em grande consideração a lei de causa e efeito como é para os seres humanos.

Para nós é importante que vivamos cada segundo até o derradeiro, mas para os animais essa lei não exige deles retratações e pagamento de dívidas porque eles são como crianças. Não podemos cobrar de uma criança a atitude ou responsabilidade de um adulto. Os animais vivem no mundo físico para adquirir experiências de vida que contribuam para essa evolução e como eles não possuem tais débitos elevados com aquela lei, a eutanásia, quando os animais estão passando por casos extremos de sofrimento, não havendo como se recuperar dessa dor, tendo sido tentados todos os meios conhecidos e possíveis de amenizar-lhe tal sofrimento, é um método terapêutico. Interrompemos uma vida de sofrimento para que renasçam em um novo corpo sadio e completo para retomar as suas experimentações.

A eutanásia já está nos planos dos espíritos superiores que cuidam dos animais e que a incluem como meio de aliviar-lhes os sofrimentos.

> *"A alma dos animais conserva a individualidade depois da morte."* (Allan Kardec)

56. No ano passado tive que mandar fazer eutanásia em uma cachorrinha vira-lata, que estava com câncer de mama. Levei ao veterinário e ele disse que não restava outro meio. A pergunta é: ela pode ser um

dos meus cachorros? Quando olho nos olhos da minha Zica e da Brendinha eu sinto isso.

R: Quando os animais desencarnam, eles têm uma tendência a retornar rapidamente ao mundo físico; espíritos superiores se encarregam disso. Por isso encontramos em *O Livro dos Espíritos*, que os animais não têm tempo para uma vida de relação, portanto não vivem como seres errantes. Ao chegarem ao Mundo espiritual são rapidamente colocados em contato com as colônias que os preparam para reencarnar. Em pouco tempo retornam ao mundo físico encarnados como embriões que se desenvolvem, passando por todas as fases de crescimento até o momento do nascimento. Talvez um desses animais que você tem em casa seja um deles, se nasceram depois de, no mínimo, dois meses e meio após ela deixar o corpo físico. Se já existiam antes disso, então não. Talvez, então, volte por intermédio de uma ninhada que esteja a caminho. Ou não retorne mais a esse mesmo lar, se seu aprendizado ali já tenha terminado.

> *"A alma do animal sobrevive ao corpo."*
> (Allan Kardec)

57. Fale sobre eutanásia praticada por veterinários, às vezes a pedido do dono do animal.

R: A eutanásia é um último recurso usado para aliviar o animal de um sofrimento do qual não se recuperará e não um meio de os donos descontentes de se livrarem de um incômodo. Se for retirada a vida de um animal sadio por simples comodidade dos que querem se livrar de seu animal, por ser velho ou por ser hiperativo, por exemplo, nesse caso não se falará em eutanásia, mas, sim, em assassinato. Não se pode tirar a vida de uma pessoa ou animal por simples comodidade. O veterinário consciente de suas obrigações, como médico, não deveria aceitar proceder a eutanásia a pedido dos donos, a menos que concorde que não haja tratamentos que possam recuperá-lo do sofrimento. O médico veterinário, após passar anos pelos bancos de faculdades, sabe avaliar a necessidade ou não de se proceder à eutanásia. Os donos podem até mesmo cogitar da possibilidade, mas é o veterinário quem dirá se é ou não válida essa prática em um caso específico. Proceder à eutanásia por comodismo ou por simples meio de obter vantagens financeiras é condenável.

> *"A inteligência é assim o ponto de encontro entre a alma dos animais e a alma dos homens."*
> (Allan Kardec)

58. Eu gostaria de saber o que acontece a um cão que falece por eutanásia?
R: Quando um animal falece, seu espírito é amparado por espíritos encarregados de encaminhá-lo aos locais adequados no plano espiritual. Não importa se falecem naturalmente ou por eutanásia, eles são igualmente

assistidos e amparados pelas equipes espirituais. Quando um veterinário procede à eutanásia, ele usa anestesia geral para que, perdendo a consciência e dormindo profundamente, o animal se desligue parcialmente do corpo. Em seguida a equipe espiritual, que se encarrega desse animal, procede aos desligamentos complementares desse corpo para que seu corpo espiritual separe-se de modo definitivo, enquanto o espírito do animal mantém-se também inconsciente naquela outra dimensão. Então, além do desligamento parcial criado pela anestesia, há o desligamento complementar promovido pelos espíritos. Logo após, o veterinário, aplicando alguma substância letal, consegue provocar uma parada cardíaca no corpo físico. Nesse momento, o espírito do animal já não se encontra mais ligado a ele. Portanto, desse modo não há sofrimento nem dor neste procedimento.

> *"Visto que os animais têm uma inteligência que lhes dá uma certa liberdade de ação, há neles um princípio independente da matéria."*
> (Allan Kardec)

59. Meu cachorrinho sofria de insuficiência renal crônica, um tumor no testículo e inflamação crônica na coluna. Decidimos pela eutanásia, mas me sinto culpada desde que vi seu corpinho sem vida. Queria saber se o espírito dele já está livre das dores que o corpo terreno lhe proporcionava. Queria ter certeza de que ele está bem e feliz?

R: As equipes espirituais, que se encarregam dos animais se esmeram em evitar que sofram desnecessariamente. Quando desencarnam, eles imediatamente se veem livres das dores que lhes provocavam sofrimento. Eles são tratados de modo a eliminar as dores e corrigir as formas corporais e fisiologia corporal (do corpo espiritual) antes de serem enviados à reencarnação ou trabalhos voluntários ao lado dos espíritos. Quando encaminhados à reencarnação, seus corpos são reconstituídos e preparados para a miniaturização que antecede o retorno ao mundo físico. Nesse processo, todo o sofrimento evidente nos momentos que antecederam o desligamento (em decorrência da própria enfermidade) desaparece para dar lugar a um corpo sadio e perfeito em que não há mais dores e sofrimento. No entanto, no caso de morte provocada sem as devidas providências preventivas (provocada por algum leigo e não por um veterinário) as consequências são diferentes. Quando no desligamento não foi usada anestesia e substâncias tóxicas causaram lesões ao corpo espiritual, as equipes espirituais têm mais trabalho em recuperar a saúde do animal lesado e o sofrimento é maior também. E prolonga-se porque o desligamento entre o corpo físico e o espiritual é mais lento. Nesse caso o animal mantém a consciência por mais tempo, permanece ligado ao corpo físico por mais tempo, mas mesmo assim o alívio é imediato quando as equipes o desligam em definitivo. Então, em geral, são tornados inconscientes e permanecem em estado de suspensão. Algumas vezes têm permissão para ficar

acordados durante o processo de desligamento e após
também. Uma vez desligados, o sofrimento desaparece e
a felicidade toma o lugar da dor. Se a eutanásia foi feita
por uma pessoa que evitou a dor, então ele nada sentiu
e somente encontrou a felicidade no outro lado da vida.

60. Desde que fizemos eutanásia no meu cão que estava com câncer, não fico sossegada. Choro muito ao lembrar dele. Será que ele sofre quando eu choro?
R: Se a situação fosse inversa, isto é, se fôssemos nós desencarnados e tivéssemos com pressa em reencarnar: Como sentiríamos se, de tempos em tempos, tivéssemos que reiniciar o processo preparatório, por uma interferência externa incontrolável?

Como nos sentiríamos se, em vez de reencarnarmos rapidamente, tivéssemos que ficar mais tempo em estado de suspensão à espera de que a interferência se desfizesse?

Certamente seria uma situação angustiante, pois não saberíamos quanto tempo duraria.

Não estamos dizendo para nos desligar totalmente, pois isso seria difícil e demonstraria, talvez, certa indiferença quanto à sorte de nosso amigo que partiu, mas não podemos exagerar nesta ligação com eles para evitar prejuízos.

Precisamos ter em mente que vão para um lugar melhor e que rapidamente retornarão para junto de nós ou de outros.

> *"Minorai os derradeiros sofrimentos, quanto o puderdes."* (O Evangelho Segundo o Espiritismo)

61. Meu *cocker* tinha câncer, mas desencarnou por eutanásia. Como vou viver com esta saudade?

R: O Espiritismo tem esta característica de ser o consolador prometido, que pode nos aliviar o coração, ao afirmar que ninguém morre e que, logo, aquele que voltou ao Mundo espiritual retornará ao plano físico.

Mesmo substituindo a palavra morte por desencarnação, o segundo termo ainda nos faz sofrer, pois a separação, apesar de temporária, permanecerá por tempo indeterminado. Muitas vezes o desconhecimento do tempo em que permanecerão naquela outra dimensão é que nos causa o sofrimento.

Mas, deixando de lado o nosso egoísmo, entenderemos que se eles estão em um lugar melhor, sendo assistidos por Espíritos benevolentes e que, em breve, voltarão para nós, não há razão para prolongar em demasia este sentimento. A paciência é uma virtude a ser cultivada.

> *"Trabalhai... e que o produto de vossas obras se destine a socorrer os vossos irmãos em Deus."*
> (O Evangelho Segundo o Espiritismo)

62. Meu cachorro fugiu de casa e foi atropelado. Fiquei sabendo depois que o levaram a um veterinário, que fez eutanásia. Será que sofreu muito? Será que ainda sofre no Mundo espiritual?

R: Quando dizemos que um animal "fugiu", fica subentendido que ele estava sendo mantido em cárcere contra a sua vontade.

Não é assim que deveria ser, pois, sendo nossos companheiros, deveriam se manter conosco por se sentir bem com nossa companhia. Se forem obrigados a fugir para se livrar deste cárcere, então não estavam se sentindo bem onde estavam até então.

Alguns animais são curiosos e exploradores por Natureza e não dispensam a oportunidade de conhecer novos ambientes, mesmo estando desacompanhados. Nestes casos fica difícil mesmo evitar que busquem aventuras, mas cabe a nós zelar por sua segurança, evitando que andem desacompanhados por qualquer lugar. Entretanto, se acontecer, como aconteceu neste caso, somente o médico que o avaliou poderia dizer se estava sofrendo. Como foi indicada a eutanásia, é provável que estivesse em grande sofrimento, mas este sofrimento cessa imediatamente depois que o espírito do animal se desliga do corpo físico e volta ao Plano espiritual.

> *"Resignar-se ante a desencarnação inesperada do parente ou do amigo, vendo nisso a manifestação da Sábia Vontade que nos comanda os destinos."*
> (Conduta Espírita)

63. Gostaria de saber se um animal que já está cego, surdo, e com doença incurável pode ser sacrificado?
R: Mesmo quando uma doença é incurável, não significa que o animal esteja sofrendo e nem que ele não possa conviver com sua deficiência. Conhecemos animais que apresentam estas características que você cita e estão vivendo muito bem depois de se adaptarem a sua nova condição. Quando um sentido é perdido, outros se exacerbam para compensar a perda. Assim, estando cego e surdo, é provável que seu olfato tenha compensado a deficiência dos dois sentidos perdidos. Pelo fato de não terem carma a expiar, não podemos banalizar a eutanásia, pois neste caso não receberá mais o mesmo nome.

Talvez se chame assassinato, ou como alguns dizem "sacrifício". Quando um animal adoece e fica deficiente, não deixou de ser o mesmo animal que lhe fez companhia durante todos os anos anteriores. Quando perdeu a visão, a audição e adquiriu a enfermidade incurável, não deixou de ser aquele animal que você amava pouco tempo antes. Quando o animal se encontra em uma situação como esta, precisará mais ainda daquele carinho dispensado a ele quando estava sadio e precisará mais ainda do seu apoio, pois eles sabem quando nós nos dedicamos a eles e quando os abandonamos. Eles têm certa consciência do que acontece ao seu redor e de como são tratados. Não vamos banalizar o ato da eutanásia, pois eles não têm carma, mas nós temos!

> *"Seja indulgente para as imperfeições de outrem."*
> (O Evangelho Segundo o Espiritismo)

64. Por que os animais passam por tanto sofrimento nos abatedouros? Será que se todos soubessem o que se passa por trás das paredes do abatedouro, não se tornariam vegetarianos?

R: Quando conversamos com algumas pessoas sobre sua opinião quanto a nossa posição frente a outros animais, a maioria é categórica ao afirmar que nós somos seres superiores aos animais e é inadmissível nos compararmos a eles. "Nós somos deuses para eles." É o que dizem.

Mas quando tocamos no assunto de consumo de carne, a opinião se altera diametralmente, pois quando se fala em alimentação animal, as mesmas pessoas se colocam no mesmo nível dos animais selvagens, sem o perceberem. Então dizem: "A carne nutre a carne" e ainda "tenho minhas necessidades físicas", ou "eu ainda sou animal" ou "não consigo ficar sem a carne".

Aparentemente as pessoas se referem a carne como um produto alimentício não relacionado aos animais que sofrem e morrem para deixar seus despojos para serem consumidos por nós, não sem antes passar por alguma transformação que apague as pistas que indiquem sua origem.

Quem se incomodaria em saber de onde veio aquele bife todo enfeitado ou aquele hambúrguer arredondado colocado dentro de um pão adornado com vegetais coloridos, que não faz lembrar que já foi parte de uma perna de algum bovino desafortunado? Será que somos mesmo deuses para os animais?

Os animais continuarão a sofrer nas pontas das facas dos magarefes enquanto não tomarmos consciência de que não são objetos de consumo e não deveriam servir de alimento. Creio que, se imagens de abatedouros fossem veiculadas nos açougues como acontece com o cigarro, que mostra que o cigarro faz mal à saúde, o consumo decairia rapidamente.

No entanto, há aqueles que mesmo sabendo de tudo o que já comentamos sobre a inteligência, sentimentos e sofrimentos dos animais não mudam de atitude. Isso equivaleria ao canibal que se alimenta da carne humana citado por Allan Kardec: *"Será culpado o selvagem que, cedendo ao seu instinto, se nutre de carne humana? Eu disse que o mal depende da vontade. Pois bem! Tanto mais culpado é o homem, quanto melhor sabe o que faz"*.

> *"A luz do bem deve fulgir em todos os planos."*
> (Conduta Espírita)

Animais no mundo espiritual

> *"Aves de plumagens polícromas cruzavam os ares e de quando em quando pousavam agrupadas nas torres muito alvas, e se ergueram retilíneas, lembrando lírios gigantescos."*
> (André Luiz – Nosso Lar)

65. Qual a visão de vocês sobre o que está acontecendo nos Estados Unidos onde há uma caça aos *pitbulls*, *rotweilers* e *dobermanns*, que estão sendo mortos pela polícia, chegando ao absurdo de as pessoas terem de fugir da cidade para salvar seus cães, pois dos 380 capturados, 260 já foram executados. Como os espíritos recebem esses cães agressivos do outro lado, ou seja, essa agressividade continuaria em sua índole?

R: É com pesar que recebemos essa notícia, pois é sabido que os animais, por serem individualidades, não podem ser categorizados como generalidade. Um cão agressivo não é indicativo de que todos daquela raça também o são. Há *rotweilers* que são usados em tratamentos de crianças enfermas (zooterapia com cães). Os dobermanns são outros injustiçados, que, por causa da fama de agressivos, são tidos como tal e como dissemos, não dá para generalizar. Eu mesmo tive um cão da raça dobermann que era tão manso que as crianças abusavam de sua paciência e ele nunca demonstrou qualquer rancor ou sinais mínimos de agressividade. Os cães da raça *pitbull* que conheço e que são agressivos foram treinados para se comportarem assim, isto é, eles não se comportam desse modo naturalmente. Contudo, a anatomia desses cães apresenta características de muita robustez e força física que poderia ser maior do que a de um homem. A mordida de um pitbull é comparável à de um tubarão. Há mais *pinchers* agressivos que *pitbulls*, mas por serem pequenos são facilmente dominados, enquanto um *pitbull* não. Acredito que por terem a fama de agressivos as pessoas os temem e por terem esses atributos de robustez anatômica creem que eles poderiam causar grandes ferimentos em pessoas atacadas por algum desses que, por algum motivo, possam se enfurecer. Conheço vários animais mansos que de repente tornam-se agressivos e esses animais não estão isentos de mudanças de humor. Até mesmo nós temos estes reveses, com a diferença de que não somos abatidos quando isso acontece. Exterminá-los deste modo é uma arbitrariedade.

Um animal agressivo o é por influência do corpo físico, mais do que por seu espírito. Prova disso é o fato de os animais tornarem-se mansos após serem castrados, pois não há mais a produção de hormônios sexuais. Animais do sexo masculino com alta produção de testosterona são mais agressivos. Por isso, ao chegarem ao Plano espiritual são tratados do mesmo modo que outro animal não agressivo, pois não podem ser responsáveis por sua conduta. Eles, do mesmo modo que nós, como espíritos em aprendizado, estão aprendendo a conter seu comportamento e a controlar as vontades do corpo.

> *"Os cães são auxiliares preciosos nas regiões escuras do umbral."* (André Luiz – Nosso Lar)

66. Existem outras colônias para animais no Mundo espiritual além do Rancho Alegre?

R: Como vimos no Evangelho que "há muitas moradas na casa de meu Pai", há muitos mundos e, portanto, há um número proporcional de colônias nesses mundos. Temos notícia de três colônias para animais, mas, com certeza, há outras de mesmo nível e qualidade. A quantidade de seres espirituais estagiando na fase animal é maior, em nosso planeta, do que em fase humana. Uma colônia somente não é suficiente para tantos espíritos. São necessárias várias colônias, e há colônias principais e intermediárias. Temos notícia de que existem, além dessas três principais, centenas de outras intermediárias, na dimensão espiritual próxima ao Brasil. Provavelmente há inúmeras colônias espalhadas próximas ao nosso mundo, mas por algum motivo não nos deram ainda oportunidade de conhecê-las. As colônias secundárias são menores e apresentam administração vinculada a alguma colônia maior, que igualmente está ligada a outra maior, por hierarquia que desconhecemos.

> *"Seis grandes carros, em formato de diligência, precedidos de matilhas de cães alegres e barulhentos, eram tirados por animais."*
> (André Luiz – Nosso Lar)

67. Os animais, quando dormem, se desdobram? E vão para onde?

R: Geralmente os animais considerados inferiores não se afastam de seus corpos físicos quando dormem. No reino animal, eles precisam estar sempre atentos aos predadores e, mesmo dormindo e em contato com a dimensão espiritual, precisam proteger o corpo físico. Quando alguma ameaça se aproxima, o espírito animal se reacopla rapidamente para poder fugir o mais depressa possível. Outros animais mais evoluídos já possuem maior liberdade e podem se desdobrar até as proximidades, mas sempre se mantêm atentos aos perigos dos arredores. Os animais superiores e os domésticos quando se desdobram podem ser acompanhados por espíritos humanos a outras localidades da dimensão espiritual, inclusive a colônias daquela outra dimensão. Nunca se deslocam livremente. Por serem nossos protegidos, somente podem fazer isso (afastar-se do corpo a longas distâncias) acompanhados de um ser humano que os proteja. Raramente podem se deslocar por sua vontade no plano espiritual. Não seria seguro, pois poderiam ser vítimas de seres trevosos que os vampirizam.

> *"Animais que mesmo de longe pareciam iguais aos muares terrestres."* (André Luiz – Nosso Lar)

68. Se eles se desdobram durante o sono, podem ir conosco para onde formos enquanto dormimos?
R: Geralmente temos alguns animais que estão sob nossa proteção. Não raramente nos desdobramos durante o sono e os levamos conosco. É comum a visão de pessoas desdobradas passeando com cães, gatos e outros animais nas colônias espirituais. Algumas vezes são acompanhados de entidades trevosas que são sua companhia, mas de qualquer modo estão sob proteção de alguém. Não é uma companhia ideal, mas são de certo modo companheiros deles também algumas vezes.

> *"Grandes bandos de aves de corpos volumosos que voavam a curta distância acima dos carros produzindo ruídos singulares."* (André Luiz – Nosso Lar)

69. Existem animais nas colônias de humanos?
R: Sim. Não há dúvida de que os animais são moradores também de colônias reservadas a seres humanos. Em *Nosso Lar*, por exemplo, há relatos sobre o assunto. Há uma passagem que narra a chegada de uma caravana com pessoas vindas ou resgatadas do umbral. Eram equinos tracionando carruagens acompanhadas por cães que vinham na frente, seguidos de aves estranhas, as íbis. No livro *Missionários da Luz*, também de André Luiz, há a citação de cães fazendo companhia a espíritos desencarnados em uma colônia. No livro *Todos os Animais Merecem o Céu* há diversos relatos sobre isso, como no capítulo intitulado: "Tia Nana". Há também relatos de uma colônia chamada Jonisi, na qual os moradores se fazem acompanhar por animais de estimação, como fazem os encarnados aqui da Terra.

> *"Os cães facilitam o trabalho, os muares suportam cargas pacientemente e fornecem calor nas zonas onde se faça necessário."* (André Luiz – Nosso Lar)

70. Você diz em seus livros que os animais vão para uma colônia. Você não cita a fonte de informação e não há na literatura nenhuma citação sobre essas colônias para animais como há, por exemplo, confirmação de colônias como o Nosso Lar. O que você diz não está de acordo com o que diz a doutrina?

R: Em nenhum lugar da doutrina há que diga que não existam colônias para animais na espiritualidade, mas citaremos uma psicografia deixada pelo Espírito São Luís, obtida da Sociedade de Estudos Espíritas Allan Kardec, que por si só já responde a essa questão. A comunicação foi recebida em 30 de março de 1999:

"Analisemos a questão. Sabeis através dos estudos realizados e dos ensinamentos deixados pelas entidades superiores que trabalharam no advento do Consolador que as almas dos animais não têm utilidade e nem razão de ser no mundo espiritual mais elevado. Entretanto, nas colônias transitórias próximas ao vosso orbe eles são encontrados e têm a utilidade parecida com a encontrada na Terra. Razão pela qual encontram-se relatos de cantos de pássaros, bem como de latidos de cães e caravanas de animais que a vós parecem tão familiares. Certamente que tudo regido pelas leis de Deus e vontade dos espíritos que trabalham em Seu nome.

Sabeis que as colônias transitórias são como uma projeção mais bem-elaborada de vossa morada terrena e tudo o que nela existe tem alguma correlação também alhures, inclusive nos planos astrais mais inferiores. Entendei, porém, que tudo se dá em outra dimensão.

Não têm, portanto, a mesma importância que se dá aos eventos da carne. Deveis compreender que a Codificação foi elaborada visando às moradas mais elevadas onde não mais existem ambientes materializados como se encontram nas colônias e mundos semelhantes. Moradas onde os Espíritos já atingiram um grau superior de adiantamento moral. É a essa situação que as obras primeiras se referem. Foi a esse respeito que o Espírito de Verdade deixou instrução."

"Vosso pouco conhecimento vos torna embotados ao ensino mais profundo do que é a Verdade. Buscai na humildade e na sinceridade a chave para adentrar num campo mais afortunado do aprendizado e vereis que conheceis muito mais do que pensais, pois os Espíritos do Senhor buscam aqueles que, de boa vontade e de coração aberto, têm a sede sincera do saber." (São Luís)

71. Como são escolhidos os animais para auxiliar nos resgates?

R: São escolhidos de acordo com seus conhecimentos e habilidades em exercer algumas tarefas. Como os nossos corpos espirituais mantêm as características dos nossos corpos de encarnados, mantemos também as mesmas habilidades. Com os animais desencarnados ocorre o mesmo. Os cães são farejadores; as águias têm boa visão;

os muares são bons em transportar cargas etc. Na verdade não são sensações percebidas por células nervosas, mas pelo seu espírito como um todo. Os animais não dependem dos seus órgãos sensoriais para farejarem ou verem, são sensibilidades de seus espíritos. Eles são escolhidos por suas habilidades e boa vontade em auxiliar, mas não são obrigados a trabalhar para os espíritos encarregados, exceto se for importante para sua evolução. Por isso, quando são requisitados, o fazem espontaneamente e se alegram em poder ajudar. Eles acompanham os espíritos com confiança absoluta e acabam por sentir um carinho e confiança especiais, os acatam felizes.

> *"Aquelas aves que denominamos íbis viajores são excelentes auxiliares dos Samaritanos."*
> (André Luiz – Nosso Lar)

72. No livro você comenta sobre o umbral e a presença de animais. Como isto é possível, partindo do princípio de que a lei de causa e efeito não é tão rígida com eles?
R: A lei de causa e efeito é universal, portanto os animais estão sujeitos a ela também. No entanto, essa lei visa, no caso dos animais, a um meio de aprenderem com os erros e acertos. Ela age para eles de modo mais imediato e está mais relacionada ao aprendizado de conceitos básicos de sobrevivência e não como meio

de resgatar dívidas morais (como acontece conosco). Os animais não criam dívidas cármicas que necessitem ser quitadas para evoluírem. Como a evolução deles baseia-se em aprendizado constante, algumas vezes são capturados por seres trevosos e levados ao umbral com finalidades equivocadas. É permitido que alguns deles tenham contato com as energias densas das regiões umbralinas, mas são em geral resgatados rapidamente. Como seres espirituais, ao serem capturados e retidos no umbral eles não sofrem como se estivem encarnados, mas adquirem o aprendizado de que necessitam com essa experiência nessas regiões de baixas vibrações. Existem seres espirituais ao nível de animais que vivem no umbral. Não foram capturados nem subjugados por alguma entidade. Estão naquele ambiente como meio de mantê-lo livre do excesso de energias perniciosas as quais absorvem e as transformam em energias mais leves e menos perigosas. Assim auxiliam sem que estejam sofrendo. Tudo é aprendizado.

É importante salientar que nem sempre os seres que se apresentam em forma de animais são verdadeiramente animais. Podem ser seres humanos decaídos vibracionalmente que adquirem esse aspecto, que lembra o de animal. Há pessoas (espíritos desencarnados) que se tornam amarguradas e rancorosas e adquirem aspecto de equinos, caninos, caprinos, símios e outros tantos, sem serem na verdade animais propriamente ditos. Essas aparências são como máscaras que usam para atestar sua decadência moral e vibratória.

> *"Estacaram matilhas de cães ao nosso lado,
> conduzidas por trabalhadores de pulso firme."*
> (André Luiz – Nosso Lar)

73. Existem relatos a respeito de algum lugar no mundo espiritual onde os animais permanecem, assim como as cidades espirituais para os próprios espíritos?
R: Em um dos programas na Rádio Boa Nova, a apresentadora citou um estudioso (Konrad Lorenz, zoólogo austríaco) das comunicações eletrônicas (transcomunicação instrumental) em que foram recebidas imagens da dimensão espiritual nas quais era possível ver patos nadando em um lago em segundo plano. Nós sabemos que os animais possuem alma, isso é, os animais são espíritos encarnados. Mas o que são antes de encarnarem? São espíritos desencarnados e como tal devem permanecer em algum lugar no mundo espiritual. Onde é esse local? Por meio de *O Livro dos Espíritos* sabemos que os animais não ficam na erraticidade como espíritos errantes, então onde ficam? O Espírito de Verdade diz que os animais são cuidados por espíritos que a isso competem, isto é, são assistidos por espíritos superiores em seus aspectos evolutivos. Para isso eles devem estar em algum lugar, que talvez sejam as colônias específicas. André Luiz fala em seus livros sobre a existência de animais no mundo espiritual, auxiliando em resgates de pessoas vindas do umbral e de cães nas colônias transitórias como animais de companhia. Há ainda uma mensagem deixada por São Luís a

um grupo de estudos de Minas Gerais, o Grupo Espírita Allan Kardec em 1999 (Sociedade de Estudos Espíritas Allan Kardec. Data: 30.3.1999) em que ele afirma existir colônias específicas para animais no Mundo espiritual. Não há nada com que nos surpreendermos ao saber disso. Temos notícias de diversas colônias para animais, mas as mais conhecidas são Rancho Alegre e Arca de Noé, no entanto não são as únicas. Existem infinitas quantidades dessas colônias pelo Universo, que é infinito. Existem também animais em colônias destinadas aos seres humanos. O livro *Todos os Animais Merecem o Céu* fala sobre como é a vida desses nossos irmãos nas colônias destinadas a eles. Outro livro que comenta algo é *Todos os Animais São Nossos Irmãos*, que fala sobre as colônias intermediárias.

Reencarnação dos animais

> *"Sim, o animal segue uma lei progressiva como a do homem."* (Espírito de Verdade)

74. Os animais que existem no plano espiritual – como os cães de Nosso Lar – evoluem dali para encarnações em escala mais elevada, ou voltam à Terra como cães mesmo?

R: Assim como acontece conosco, os animais evoluem mais no mundo físico do que no espiritual, porque a experiência neste planeta não pode ser comparada à do plano espiritual, no qual ocorrem os sofrimentos morais, mais adequados aos seres humanos e não aos animais. Por isso, na condição de espíritos encarnados como animais, necessitam da experiência no corpo físico para evoluir e não poderiam estar em outra espécie, a menos que já tenham terminado o estágio naquela fase (como cão, nesse caso). Mesmo antes de passar para outra fase evolutiva, em outra espécie animal, é necessário que passe por algumas intermediárias, estagiando no plano espiritual como seres espirituais, ou seja, como espíritos da floresta (essa fase somente ocorre no plano espiritual).

> *"Quando sua inteligência (do homem) tiver adquirido todo o desenvolvimento e estiver isenta de preconceitos do orgulho e da ignorância, que poderá ver (o animal) na obra de Deus."*
> (Espírito de Verdade)

75. Minha cachorrinha teve câncer de fígado e morreu. Eu sei que reencarnam rápido, mas me preocupo com a possibilidade de que ela retorne como um cão sem dono e fique pelas ruas.

R: Assim como ocorre conosco, cada animal possui uma história de vida que segue um caminho próprio na estrada evolutiva. Se a sua cachorrinha tiver em sua rota educativa aprender a viver como indigente, isso acontecerá. Se não estiver no seu roteiro, isso não acontecerá. Tudo depende da necessidade educacional dela. Se for necessário dar continuidade ao aprendizado, já iniciado no mesmo lar de onde saiu quando desencarnou, o animal retornará para essa continuidade ao seu projeto de desenvolvimento espiritual.

No entanto, não nos devemos preocupar em excesso, pois os espíritos assistem os animais o tempo todo e mesmo quando nós acreditamos que estejam solitários, não estão. Mesmo estando nas ruas e aparentemente desamparados, estão aprendendo a viver e a ser o que serão quando se tornarem seres humanos, depois de absorverem todas essas experiências. A evolução espiritual dos animais depende dessas vivências em situações favoráveis e também nas desfavoráveis. Se Deus impedisse esse animal de ter contato com o sofrimento e com as privações eventuais, encontradas nesse nosso mundo primitivo, ele não evoluiria porque não aprenderia sobre esse tema importante: o sofrimento. Posteriormente, quando lhe for pedido que coloque em prática o que aprendeu, não saberá auxiliar um irmão que sofre se nunca vivenciou o sofrimento. Será um espírito deficiente e estagnado em algum ponto na evolução. Não se prenda demais na preocupação com os desígnios divinos. Deixe a Deus as decisões e a nós o cumprimento deles. Deus é soberanamente bom e justo e não faria com que um filho seu (animal, vegetal ou mineral) fosse infeliz. Tudo o que Deus faz tem uma finalidade importante e construtiva.

> *"O princípio inteligente que animava um animal fica em estado latente. Os espíritos encarregados desse trabalho imediatamente o utilizam para animar outros seres."* (Espírito de Verdade)

76. No livro *Todos os Animais Merecem o Céu*, você cita que os animais ao serem tratados para reencarnarem, se miniaturizam até ter a forma de mórula. O que significa isso?

R: Mórula é o nome que se dá a uma das fases de desenvolvimento do embrião em que ele adquire a forma de uma amora. Por ser microscópico é chamado de mórula, que significa pequena amora. Assim que o espermatozoide se encontra com o óvulo, uma série de divisões celulares começam a ocorrer e o óvulo fecundado começa a se segmentar e se divide inicialmente em duas partes, depois em quatro, depois em oito, em dezesseis, trinta e dois e assim por diante, à medida que o embrião se desenvolve e começa a ganhar formas mais definidas de um feto. Conforme seu desenvolvimento continua, ele começa a se tornar maior e mais parecido com o que se tornará quando nascer (um animal de uma determinada espécie) e por fim o nascimento. Depois de nascido, o desenvolvimento físico continua até se tornar adulto. Se hipoteticamente vier a falecer nessa fase, o seu espírito se desligará do corpo físico e retornará ao mundo espiritual levando consigo o corpo espiritual, que possui as células perispirituais idênticas às do corpo físico. Uma vez na outra dimensão, o animal é levado aos locais onde será preparado para a reencarnação. Em uma das câmaras, o corpo perispiritual passa a se contrair e as células começam a se fundir, tornando-se compactadas. Fundem-se até adquirirem a aparência de um embrião em estágio inicial de formação, ou seja, em forma de mórula. Nesse ponto cessa a preparação para o reencarne, pois é o momento em que o espírito em forma de mórula é implantado no corpo materno para iniciar seu desenvolvimento embrionário e se tornar feto e nascer novamente no mundo físico.

> *"Muito mais do que supomos, eles são assistidos em seu desencarne por espíritos humanos zoófilos, que os recebem no plano espiritual e cuidam deles."*
> (Irvênia Prada)

77. Existe um planejamento reencarnatório para os animais?

R: Sim. O Espírito de Verdade disse que os animais não são simples máquinas, como supomos. Por isso são tratados de modo especial e não sem qualquer planejamento. Quando se trata de animais superiores, como por exemplo, os mamíferos, há um planejamento padrão além de outro quase individualizado. Quando se refere a animais de escalas evolutivas anteriores (insetos, por exemplo) são tratados de modo padronizado, somente por métodos preestabelecidos, mas mesmo assim há planejamento para cada espécie.

A partir de um determinado patamar evolutivo, os animais passam a ser tratados de modo mais individual, pois já atingiram certo grau de independência e estão mais livres de padrões, utilizam mais o seu livre-arbítrio. Por serem mais independentes, são preparados para reencarnação de modo particular, em alas compartilhadas com um menor número de indivíduos se comparados com animais que se encontram em fases evolutivas anteriores, que são preparados de modo padronizado para todo o grupo.

> *"Existem ainda (no plano espiritual) instalações e construções adequadas para o atendimento das diferentes necessidades, onde os animais são tratados".* (Irvênia Prada – A Questão Espiritual dos Animais)

78. Os animais mantêm a sua individualidade depois que desencarnam e reencarnam?

R: Cremos que a resposta seja positiva, pois o princípio inteligente já foi criado como uma individualidade desde o início, se mantém e continuará eternamente como indivíduo.

O princípio inteligente preserva todos os seus arquivos mentais de aprendizados anteriores. Sua personalidade não será outra, pois continuará a ser o mesmo princípio inteligente que era antes da desencarnação.

Um animal que tenha vivido conosco como um cão, por exemplo, ao desencarnar não deixará de ser o mesmo espírito que teve a experiência ao nosso lado.

Por isso, Kardec perguntou ao Espírito de Verdade:

"Os animais possuem uma inteligência que lhes faculta certa liberdade de ação, haverá neles algum princípio independente da matéria? R: Há e que sobrevive ao corpo".

Nesta pergunta, Kardec deixou implícito o desejo de saber se os animais mantêm intacto o seu princípio inteligente depois que desencarnam, pois havia uma corrente, a Teosofia, que prega que o espírito dos animais perde-se no "Todo Universal" depois de sua morte.

A resposta indica que o espírito animal mantém a individualidade, mas sua consciência se mantém em suspenso, enquanto estiver na espiritualidade, em alguns casos.

Por isso, o Espírito de Verdade também disse:

"Se as almas se confundissem num amálgama (Todo Universal) só teriam as qualidades do conjunto, nada as distinguiria umas das outras".

> *"Após a morte, conserva a alma dos animais a sua individualidade e a consciência de si mesma?*
> *R: Conserva sua individualidade; quanto à consciência do seu eu, não. A vida inteligente lhe permanece em estado latente."*
> (O Livro dos Espíritos, p. 598)

79. Qual é a progressão do ciclo evolutivo reencarnatório dos animais?

R: O princípio inteligente desde que é criado começa a estagiar no mundo físico passando por diversas fases evolutivas neste e em outros mundos físicos, pois quanto maior a experiência física, mais rapidamente evoluirá.

Este princípio inteligente estagiará no reino mineral, para depois de um longo aprendizado passar para outros reinos da faixa dos seres orgânicos primitivos, como o reino das bactérias, dos protozoários e dos fungos, antes de entrar para outras faixas mais elevadas da evolução, isto é, em faixas mais elaboradas dos reinos orgânicos como, por exemplo, o reino vegetal.

Não podemos nos esquecer de que há infinitos outros mundos no Universo, nos quais o espírito poderá estagiar fora deste nosso pequeno planeta, antes de entrar na fase de animalidade. Estando nesta fase, passará pelo maior número possível de espécies e raças antes de entrar em outra fase mais avançada, a de Humanidade.

Por isso, o espírito de um animal aproveita tudo o que pode, ainda dentro da animalidade, para adquirir o máximo de aprendizado que o habilite a entrar para a fase de Humanidade.

> *"Todos os seres ... tendem sempre para um estado melhor: tudo tem por alvo o progresso."*
> (Cairbar Schutel – Gênese da Alma)

80. Eles podem reencarnar na mesma família onde eram queridos?
R: Os animais, principalmente os domésticos, aprendem conosco, que somos, além de irmãos, seus professores. Durante o tempo em que permanecem conosco, passam

por várias experiências, como encarnados, e quando já for o suficiente, provavelmente ele reencarnará em outra família e em outra localidade onde aprenderá coisas que não podemos oferecer. Mas em geral retornam várias vezes ao mesmo lar. Os animais cumprem alguns roteiros padronizados de aprendizado, além de outros mais particularizados, e, desde que passem a contento, seguem para outra fase evolutiva e de aprendizado em companhia de pessoas diferentes que podem oferecer outras novas experiências a eles. O fato de serem queridos é importante, mas não é o fator determinante para que retornem ao mesmo lar.

> *"Existe sim, para os animais, se o entendermos como 'o estado dos espíritos durante os intervalos das encarnações'."* (Irvênia Prada – A Questão Espiritual dos Animais)

81. Por que os animais têm antipatia por alguma pessoa da família que nunca lhes fez mal?
R: Os animais têm uma percepção maior das energias que envolvem outros seres. Eles captam o que os cientistas chamam de campos mórficos, assim, sabem a quem devem amar ou temer. Percebem se estão seguros ou em situações perigosas. Eles podem até mesmo captar pensamentos e presenças espirituais. Além disso, usando essa facilidade em captar os campos mórficos, os animais têm

grande capacidade telepática e percebem o teor dos pensamentos das pessoas próximas, entendendo se podem ou não confiar nessa ou naquela pessoa.

Os animais passam por várias experiências em diversas reencarnações. Pode ser que em alguma ou algumas delas tenha havido algum desencontro entre esses dois espíritos. Talvez não se lembre dos episódios desagradáveis, mas ainda vibra em si as energias não boas, relacionadas a encontros anteriores e sinta-se inseguro em sua presença. Mas nem sempre isso acontece em vidas anteriores. Muitas vezes o episódio marcante para o animal ocorre na encarnação atual, pode não ter sido tão marcante para a pessoa quanto para o animal.

> *"Existem as situações mais variadas possíveis, em face da grande diversidade animal, devendo, portanto, acontecer tanto reencarnes imediatos, quanto os mais ou menos tardios."* (Irvênia Prada – A Questão Espiritual dos Animais)

82. Os animais de rua têm o destino certo para com a pessoa que o adota?

R: Os animais considerados superiores, como os mamíferos, por exemplo, passam por processos individuais de preparação para o retorno ao mundo físico. Cada um tem uma particularidade em relação ao que lhe foi determinado passar na vida encarnada sequente. Se há em seu planejamento o encontro com determinada pessoa que lhe será importante para adquirir certo aprendizado, os espíritos encarregados fazem tudo o que for possível para promover esse encontro. Uma vez conseguida a reunião entre os dois (ser humano e animal), o aprendizado prossegue.

Se o destino é certo entre o animal e a pessoa que o adota, somente as equipes espirituais que se encarregam do animal e de sua evolução podem responder mais seguramente, pois cada indivíduo tem uma história e um roteiro evolutivo e de aprendizado. No entanto, é provável que, se a pessoa que adota o animal não fazia parte de sua história, passará a ter e se responsabilizará dali em diante.

> *"Existe uma atração entre os animais, tanto naqueles que formam grupos quanto naqueles que reencarnaram já domesticados."* (Irvênia Prada – A Questão Espiritual dos Animais)

83. Tenho uma ligação forte com meu papagaio e sinto que ele me entende mais do que algumas pessoas. Ele me defende, me ampara (quando choro, secas minhas lágrimas); vive solto e nunca tentou ir embora. Será que já nos conhecíamos em outras vidas?

R: Durante a evolução dos animais eles passam por diversas fases, quando adquirem cada vez mais experiências que formam um conjunto, colaboram para compor a evolução de sua inteligência e espiritualidade. A Ciência comprova que as aves são muito inteligentes e têm sentimentos que incluem até mesmo a compaixão. Nada impede que elas demonstrem seus sentimentos por alguém. Não é porque são animais considerados inferiores que sejam desprovidos de pensamentos e sentimentos, que até pouco tempo eram considerados privilégio dos humanos. Os papagaios sabem reconhecer cores e identificar números. Eles são inteligentes. Por que não teriam sentimentos também? Alguns demonstram isso até mais do que certas pessoas. Por isso Allan Kardec diz que algumas vezes é difícil determinar os limites entre a inteligência dos homens e a dos animais.

Há o caso recente de um corvo que construiu um instrumento (os cientistas acreditavam que as aves eram incapazes de construir artefatos) para auxiliá-lo em uma tarefa e há um experimento com pombos comuns, mostrando que são animais capazes de relacionar imagens vistas em um computador. Nesses experimentos surgiam imagens que se repetiam em um determinado padrão que poderia ser identificado pela ave. Ao identificá-lo, ela recebia um punhado de ração, após bicar a tela. Cairbar Schutel conta o caso de uma cacatua, a única testemunha do assassinato de seu dono. A ave identificou o assassino, que acabou sendo preso e confessou a culpa. Por possuírem sentimentos relativamente elevados, eles podem demonstrar isso aos seus donos, independente de uma relação que tenha existido em vidas anteriores. Agora, respondendo à sua pergunta, o animal que conheceu em outra reencarnação, pode ser possível e se isso ocorreu, as sensações devem ser positivas tanto para nós quando os reencontramos quanto para as aves que tentarão, provavelmente, demonstrar isso por meio de atos como esses que você citou.

> *"Chico, pare e preste atenção neste cãozinho. É o Dom Pedrito que está voltando para você!"* (Emmanuel – mentor espiritual de Chico Xavier referindo-se à reencarnação do cão de Chico – do livro de Irvênia Prada – A Questão Espiritual dos Animais)

84. No caso de papagaios: se viverem em cativeiro, presos em gaiolas, podem ficar revoltados e reencarnarem como um animal temido?
R: Todos prezamos a liberdade. E principalmente os animais que sempre viveram em liberdade desde que foram criados como princípio inteligente e não se adaptariam a uma vida de clausura. Alguns de nós, seres humanos, procuramos o isolamento por nossa própria vontade, mas não é uma conduta natural. Encarcerar animais, privando-os de sua liberdade, é uma violação de nossos parâmetros de amor ao próximo. Jesus disse para não fazermos aos outros aquilo que não queremos para nós mesmos. Quem gostaria de ter sua liberdade cerceada? Ninguém! Então por que prender um animal

privando-o da liberdade que é natural e é direito de todos os seres? Se forem presos, com certeza se tornarão revoltados não somente pela sua condição de capturado, mas por acumular energias que normalmente dispersariam em voos e contatos com outros animais, enfim, pelas atividades normais de uma ave que se encontre livre na Natureza. Um experimento feito com camundongos mostrou que o cativeiro é estressante, mesmo que o animal receba água e comida em abundância. Como resultado, os camundongos se tornaram agressivos. Isso também não é observado entre os seres humanos? Por que com os animais seria diferente?

> *"A reencarnação pode favorecer o reencontro afetivo entre animais e homens para continuarem juntos o aprendizado de amor."* (Irvênia Prada – A Questão Espiritual dos Animais)

85. Para a reencarnação, qual o critério de escolha da família para onde devem ir os animais?

R: Quando os animais que vivem em maior proximidade dos seres humanos desencarnam, eles são imediatamente, na maioria das vezes, encaminhados à reencarnação. Para alguns grupos de animais existem condições preestabelecidas e padronizadas, mas para outros há condições particulares, individualizadas. Para tanto há cronogramas particulares de roteiros de aprendizado que devem ser seguidos sob orientação de espíritos encarregados disso. Espíritos de elevada categoria elaboram os projetos que são colocados em prática por espíritos subordinados que se encontram mais próximos dos animais. Eles, então, organizam os animais ou os espíritos deles para essa ou aquela atividade relacionada aos nossos irmãos, até completar o aprendizado em determinado grupo humano. Existem vários planos para um mesmo animal ou grupos de animais que podem ser substituídos um por outro a qualquer momento, segundo a determinação desses grupos espirituais de maior hierarquia, que decidem sobre os caminhos que deverão seguir os animais sob sua responsabilidade. Em geral, o plano original é mantido na medida do possível e somente é substituído em situações que obriguem a isso para preservar a vida do animal.

> *"A finalidade é sempre o progresso, como nos esclarece O Livro dos Espíritos."* (Irvênia Prada – A Questão Espiritual dos Animais)

86. É possível um animalzinho reencarnar no mesmo lar?

R: Sim, é possível e ocorre com frequência, pois o aprendizado não se interrompe com a desencarnação do animal. Como retornam na primeira oportunidade, continuam praticamente do ponto onde pararam. A vida não é interrompida com a morte do corpo físico, pois do mesmo modo como nosso espírito evolui pela reencarnação, os animais também reencarnam para reiniciar sua jornada interrompida temporariamente. No Mundo espiritual, os espíritos encarregados da evolução deles os encaminham às famílias ou aos locais onde deverão prosseguir com seu aprendizado, que, em geral, se repete várias vezes, podendo ser, também, por um curto período, dependendo da necessidade.

> *"A alma em se depurando, sofre, sem dúvida, uma transformação; mas para isso é necessário a prova da vida corporal."* (Espírito de Verdade)

87. Meu cachorro *yorkshire* veio a falecer no dia 26/2/2005. Ele comeu um pedaço de carne com veneno. Será que sofreu? Dois dias depois nasceram seis filhotes dele. Ele poderia ter nascido na ninhada novamente?

R: Em relação ao sofrimento, eu diria que sim, enquanto estava encarnado, pois o veneno causa sofrimento ao corpo físico. Venenos são substâncias nocivas que agridem o nosso organismo de maneira, na maioria das vezes, irreversível. Causam grande mal-estar porque agem sobre o metabolismo, alterando-o drasticamente, podendo matar. Esse sofrimento ocorre até um determinado ponto necessário ao aprendizado. Quando excede um certo ponto, o espírito se desloca do corpo e o assiste a distância sem sofrer, pois, estando longe, ele não sente o que sente o corpo. Mas mesmo que tenha sofrido, podemos dizer que nenhum sofrimento é em vão. Todas as experiências no corpo físico são válidas para o futuro. Seria como o estudo de História da Humanidade: Conhecendo o passado temos menores possibilidades de cometer os mesmos erros no futuro. Conhecendo o sofrimento que leva aquele ato a alguém, não desejaremos que isso aconteça a outras pessoas. Como seres imortais que somos (os animais também), precisamos para a nossa evolução passar por dores e sofrimentos (a conhecida dor-evolução). Mas lembre-se de que as dores são físicas, passageiras e são para nosso aprendizado.

Quanto aos filhotes, não haveria tempo para que o cão recém-desencarnado retornasse ao corpo que já estava pronto. Enquanto ele estava encarnado, já existia um outro vivendo nesses corpinhos de filhotes que estavam se formando no útero da futura mãe. Cada animal e cada pessoa tem um corpo previamente designado e deve ser preparado de acordo com os processos pré-reencarnatórios individuais. Para tanto, necessita-se de um tempo. Por isso, em tese, não daria para o animal voltar nessa ninhada. No entanto, como o tempo não decorre da mesma maneira aqui e na espiritualidade, não podemos afirmar que seja impossível, mas em primeira análise, não é possível.

> *"Sim, todos nós temos várias existências. Os que dizem o contrário pretendem vos manter na ignorância em que eles próprios se encontram; é seu desejo."* (Espírito de Verdade)

88. Eu tive um gato que morreu e agora tenho outro. Quando eu olho para esse, parece que é a encarnação do outro. É possível?

R: Sim. É possível, pois é sabido que os animais reencarnam. É uma das leis da Natureza. A reencarnação é o que movimenta a lei de evolução. Sem as transformações propiciadas pela reencarnação, ocorreria a evolução. No entanto, é necessário verificar alguns parâmetros para sabermos se é possível ou não que esse gatinho seja aquele que desencarnou anteriormente. O espírito de um animal, e no caso, deste gato, ao desencarnar, precisou de pouco tempo, cerca de dois ou três dias, no mínimo, para ser preparado e ser reintroduzido ao mundo físico. Depois, ele é acoplado ao corpo de uma futura mãe sob o aspecto de um embrião em desenvolvimento. A gestação do gato dura cerca de dois meses. Então são necessários mais ou menos e no mínimo dois meses e mais três dias para que efetivamente o gatinho retorne ao mundo físico (considerando a volta ao mundo físico como o dia do nascimento). Se esse animal, que você crê seja a reencarnação do outro gato, já existia antes desses dois meses e pouco, então não deve ser o mesmo gatinho que reencarnou. Se ele veio ao mundo depois desses dois meses e pouco, então existe a possibilidade de que seja o mesmo espírito.

> *"A cada nova existência o espírito dá um passo no caminho do progresso."* (Espírito de Verdade)

89. Gostaria de saber se o cachorro que tenho em casa pode ser um familiar que já desencarnou e está ali para me proteger. Sinto muito amor e um vínculo forte com meu *labrador*.
R: Quando abandonamos o corpo físico para entrar na outra dimensão, isto é, quando desencarnamos e nos encontramos no Mundo espiritual, somos orientados por espíritos superiores que nos enviam às colônias onde receberemos tratamentos adequados para nova reencarnação. E assim nós evoluímos cada vez mais, por isso não retornamos em um corpo no qual o nosso espírito mais evoluído não pode manifestar todo o seu potencial. Imagine um pintor exímio sendo colocado no corpo de um animal, em que não poderia utilizar seu potencial artístico de forma ampla. É possível que um cão reencarne em outro corpo mais evoluído, posteriormente, mas mesmo assim isso ocorre de modo gradativo para que não haja conflitos nem perda de tempo evolutivo. Como dissemos anteriormente, nós nos relacionamos com animais em várias

vidas seguidas e acabamos por criar laços de amizade duradouros que podem se transmitir a outras vidas. Não é raro encontramos nossos amigos animais de outras vidas. Essa amizade antiga pode ser perpetuada por gerações e gerações e acompanhá-los quando voltarem em outras espécies, e se essa amizade for muito duradoura, poderemos, inclusive, acompanhar sua entrada na faixa de Humanidade.

> *"Todos os espíritos tendem à perfeição e, para isso, Deus lhes concede os meios pelas provas da vida."*
> (Allan Kardec)

90. Por que um animal gosta mais de uma pessoa, mesmo recebendo amor e carinho de todos de casa?
R: A lei de afinidade age em todos os níveis da Natureza. Não somente entre os humanos podemos notar que existe afinidade, mas até mesmo entre animais e pessoas. Com isso criam-se laços de amizade que podem durar muito. Os animais reencarnam do mesmo modo como ocorre conosco. Se o animal já possuía algum vínculo energético ou de amizade de reencarnações anteriores com alguém que se reapresenta ao convívio, ele os preserva na memória inconsciente e sente-se feliz por estarem juntos novamente. Talvez as demais pessoas ainda não criaram o mesmo vínculo que aquele outro, mas se a amizade se fortalecer, com certeza na próxima reencarnação o animal se sentirá atraído por esses outros também.

Qual a sua dúvida para o tema: a espiritualidade dos animais

> *"Essa experiência não está perdida e será reaproveitada em uma nova vida."* (Allan Kardec)

91. Gostaria que fossem comentados os processos reencarnatórios dos animais e suas diferenças entre nós, humanos.
R: Nos livros de André Luiz encontramos relatos sobre a preparação para a reencarnação de pessoas e, curiosamente, ele perguntou ao seu mentor se para os animais os processos reencarnatórios seriam diferentes. Como resposta foi dito que, para os animais, as condições e os processos são idênticos aos dos humanos. Não há razão para ficarmos surpresos com isso porque reencarnamos infinitas vezes como animais e depois como seres humanos. A única diferença que existe entre os processos reencarnatórios dos animais e os nossos é somente a forma do corpo e o tratamento individual, que é uma constante para os seres humanos, mas que para os animais nem sempre é assim.

Quando retornamos ao Mundo espiritual, nosso corpo espiritual, que é composto de células espirituais, se contrai. Elas se comprimem umas contra as outras e se fundem. Ao se fundirem, adquirem formas cada vez mais simples e tomam formas mínimas (miniaturização do corpo espiritual), podendo chegar a ter o formato de umas poucas células, quando estão prontas a retornarem ao plano físico. Quando atinge o ponto adequado de miniaturização, esse corpo espiritual é conectado ao corpo físico da mãe ou do instrumento gerador físico (ovo, por exemplo) no qual o processo de miniaturização se inverte e as células começam a se descontrair e dão a forma ao corpo em que se desenvolverão. O novo embrião, resultante dessa descontração de corpos celulares, passa por fases de desenvolvimento celular inversa às que passou na etapa de miniaturização e se torna um novo corpo. Esse, ao envelhecer, perde a vitalidade e é abandonado, no momento da morte, pelo espírito que volta ao Mundo espiritual para reiniciar o processo reencarnatório. Todo esse procedimento ocorre também conosco.

> *"A encarnação é uma necessidade."*
> (Espírito de Verdade)

92. O animal pode desencarnar e retornar no mesmo círculo da sua família animal?

R: Os seres humanos são os principais professores dos animais (animais domésticos), que pelo exemplo aprendem o que precisarão, saber quando atingirem a fase de Humanidade. Nesse convívio, nos afinizamos mais com esse ou com aquele espírito que está sob nossa responsabilidade nesse aprendizado como animais. Muitas vezes esses convivem e retornam para completar seu aprendizado conosco por várias reencarnações seguidas, criando laços de amizade mais fortes. Em se tratando de reencontrar com os humanos com quem conviveu, podemos dizer que, quando o espírito desse animal terminou sua fase de aprendizado conosco, em geral ele passa ao convívio de outra família ou em outro lugar, na reencarnação seguinte. Mas se criou um vínculo de amizade, é provável que, mesmo estando com outra família e em outro local, acabemos nos encontrando. Quando os animais estão em fases mais primitivas (selvagens), o aprendizado principal está no contato com outros espíritos que se encontram no mesmo nível evolutivo (outros animais selvagens). São os membros da família animal. O aprendizado pode ocorrer nessa ou naquela família animal sem prejuízo do aprendizado, porque ele é simultâneo dentro da mesma família. Os laços entre eles não são tão fortes quanto os que se formam ao nosso encontro, pois estão como membros de uma mesma família, em um mesmo nível. O encontro deles teria a finalidade de troca de experiências, enquanto que o convívio conosco traz um aprendizado mais rápido e eficaz para a entrada futura no plano da Humanidade. Os espíritos desse nível de aprendizado (animais) podem retornar juntos em uma mesma família ou não. Quando em fase selvagem, o importante é o aprendizado dentro de sua comunidade, enquanto para os animais domésticos o mais importante é o aprendizado entre eles e nós.

> *"Cada existência é um passo adiante no progresso, uma espécie de escola de aplicação."*
> (Espírito de Verdade)

93. Gostaria de saber se os animais domésticos foram em outras vidas nossos companheiros, como eles são na atualidade?

R: Os vínculos de amizade entre animais e humanos podem perdurar anos, décadas e até séculos. Esse tempo depende da nossa ligação e do aprendizado que necessitam e desenvolvemos com eles. É possível também que fiquem conosco por pouco tempo. Sabemos de uma amizade entre uma pessoa e seu animal que já perdura mais de vinte séculos. Nesse tempo, o aprendizado foi positivo para ambos, animal e homem, que compartilham suas experiências e evoluem, um em companhia do outro. No entanto, nem sempre isso é possível, pois para a evolução são necessárias experiências variadas nos mais diversos locais e situações e em companhia de pessoas das mais diferentes índoles e personalidades para que absorvam os aprendizados decorrentes desses contatos.

> *"A encarnação não é, pois, um castigo ao espírito... mas um meio de progredir."* (Espírito de Verdade)

94. Fale um pouco sobre o tempo necessário para o animal reencarnar após ter desencarnado.

R: Ao desencarnarmos ou quando desencarna um animal, alguns ajustes são necessários ao nosso espírito e ao nosso corpo espiritual antes de retornarmos ao mundo físico. Quando desencarnamos de forma violenta, por exemplo, podem ocorrer lesões em nossos corpos espirituais que precisam ser reparadas antes do retorno. Os animais considerados inferiores passam por tratamentos preparatórios padronizados rápidos e, portanto, o retorno também é rápido. Animais superiores passam por tratamentos quase individualizados e mais demorados. O tempo varia de espécie para espécie animal, em função do seu grau de evolução e das condições que são variáveis, mas sempre esse período é relativamente curto, se comparado ao tempo que decorre para uma reencarnação humana. Minutos, horas, dias, meses, anos. Isso, como dissemos, ficará dentro de uma variante na dependência da necessidade evolutiva. Para se ter uma ideia, a preparação de um cão está em torno de dois a três dias (alguns animais domésticos podem permanecer no plano espiritual por mais tempo ou por tempo indeterminado se estiverem sob a tutela e responsabilidade de algum espírito amigo que queira cuidar dele) antes de ser enviado para o mundo físico na forma de um embrião, que irá se adaptar ao útero materno e se desenvolverá durante o período de gestação, que no caso dos cães é de cerca de 60 dias. O tempo que permanecem no plano espiritual, chamado de erraticidade, é curto, pois não dispõem de muito para avançarem na evolução espiritual. Eles não podem se dar ao luxo de desperdícios de tempo. Quanto mais rápido retornam ao físico, mais experiências adquirem para evoluir.

> *"A encarnação é inerente à inferioridade do Espírito."* (Espírito de Verdade)

95. Como é o sofrimento de um animal quando desencarna vitimado de um câncer ou um envenenamento?

R: Quando o animal sofre alguma agressão física ou enfermidade grave, que resulta na perda da vitalidade do corpo e na sua consequente morte, as lembranças do sofrimento dos momentos derradeiros podem influir no tempo necessário para a preparação prévia do espírito animal reencarnante. No entanto, o sofrimento e a dor são somente percebidos pelo corpo físico e não pelo espírito, que não sente dor. Essa é uma interpretação de nosso sistema nervoso, que pode ser maior para uns e menor para outros e serve de aprendizado ao espírito que está estagiando no mundo físico. De qualquer modo, os animais, como espíritos encarnados, ficam sujeitos às dores porque, assim como nós, aprendem muito com as situações de sofrimento, pois vivemos em um mundo primitivo e a dor ainda é comum. Eles têm mais contato com ela do que com as alegrias nesse planeta. Enfermidades como o câncer ocorrem mais frequentemente provocados por nós mesmos. A alimentação inadequada, por exemplo, é uma das causas. Os envenenamentos acidentais são uma prova para eles que aprenderão com isso. Os envenenamentos provocados são também aprendizados, mas essas dívidas que acumularemos precisarão ser quitadas com eles posteriormente. O sofrimento dos animais é mais físico do que moral, pois a sua noção moral ainda é embrionária. Somente aqueles que já possuem rudimentos de moral (animais superiores como elefantes, golfinhos, alguns macacos e outros) sofrem assim. Os sofrimentos físicos cessam com a morte do corpo e as lembranças da dor são quase todas apagadas ou amenizadas. Assim que desencarnam as dores não são mais percebidas.

> *"Pela pluralidade de existências, o direito à felicidade é o mesmo para todos, porque ninguém está deserdado do progresso."* (Espírito de Verdade)

96. Gostaria de saber qual a diferença no processo de reencarnação de um animal de grande porte (baleia, elefante) para um animal menor (gato, gafanhoto)?
R: O tamanho não é o principal parâmetro em que se baseiam os espíritos para proceder à reencarnação, mas, sim, o grau de evolução em que se encontram. No entanto, na maioria das vezes a evolução determina aos espíritos encarnados na fase animal que recebam corpos mais elaborados e complexos e consequentemente maiores. Os insetos, que são animais pequenos, estão em fases anteriores em que necessitam permanecer em grupos nos quais recebem tratamentos coletivos padronizados para reencarnarem (referência aos corpos

coletivos). Mas o tamanho pode ter alguma influência, pois o tempo necessário para a miniaturização do perispírito dos animais de maior tamanho pode ser mais demorado do que a de um menor. Quanto maior o número de células espirituais do corpo espiritual, que precisam se contrair e se fundir umas às outras, tanto maior será o tempo necessário. Um inseto, por exemplo, que não possui grande individualidade, cujo retorno ao mundo físico é preparado de modo coletivo, retorna em questão de segundos para cá. Animais maiores, mais evoluídos e com necessidades individuais precisam de mais tempo e se demoram mais na outra dimensão. Basicamente o tempo e as diferenças nas preparações pré-reencarnatórias estão em função do tamanho e da individualidade dos processos.

> *"A reencarnação é uma necessidade para a vida espírita como a morte é uma necessidade para a vida corporal."* (Allan Kardec)

97. Perdi meu cachorrinho e sofri muito. Já havia tido outros animais, mas ele era especial. No dia falei: "Não sei o que seria de mim sem ele". Ele faleceu 30 minutos após eu dizer isso. Será possível ele vir a renascer como um ser mais evoluído por ser tão inteligente? Pode ser um humano? É possível?

R: A cada reencarnação voltamos mais evoluídos à nova experiência física. Ficamos melhores, mas como *a Natureza não dá saltos*, frase de Leibniz (1646-1716) as mudanças perceptíveis são lentas e para um animal reencarnar em outra nova espécie ele precisa completar todo o seu cronograma evolutivo na espécie em que já está, antes de iniciar a experiência em outra mais evoluída. Mesmo assim, existem inúmeras espécies intermediárias entre a fase de caninos e homem, por exemplo, por onde esse espírito deve passar. Essas fases intermediárias ocorrem tanto nesse como em outros mundos e não somente em mundos físicos, mas também espirituais. Para um animal chegar à fase humana, pode levar décadas, séculos ou milênios. Então, é possível que, algum dia, o espírito que habita hoje um corpo animal se torne apto a ocupar um corpo humano, mas isso exige tempo e vivências para aquisição de mais experiência nas fases anteriores à Humanidade. O mais provável é que nesse caso ele retorne em um corpo de cão, novamente, e em um lugar onde possa evidenciar todo o seu aprendizado anterior, isto é, em um lar onde haja a possibilidade de demonstrar seu potencial de inteligência. Assim como em relação a tudo nesse mundo físico, o apego excessivo pode ser prejudicial em momentos de separação, como o que ocorreu nesse caso. A amizade é importante, o carinho também, mas não podemos perder de vista que os animais têm existência física finita e sua caminhada evolutiva é independente da nossa. O apego excessivo é prejudicial tanto aos animais quanto ao nosso espírito que não encontra paz enquanto não nos desligamos desse excesso.

98. A barata é evoluída? Por que ela causa tanta aversão?

R: Partindo do princípio de que todo espírito é criado simples e ignorante e que tudo no Universo é relativo, podemos dizer que sim.

Uma barata é um ser espiritual evoluído, mas não, se compararmos com outros seres espirituais que se encontrem em fases anteriores à sua posição evolutiva.

Se compararmos uma barata com uma planta ou com uma bactéria, um protozoário, poderíamos dizer que para estes seres ela está em posição semelhante à que nós nos encontramos em relação a ela. Baratas são animais que vivem de restos de dejetos e são transmissoras de doenças. Nós como somos seres espirituais estagiários na fase animal, que ainda possuímos muitas reações instintivas, nos sentimos incomodados com a presença delas, pois o nosso instinto de preservação nos avisa para sermos cuidadosos e nos livrarmos de sua presença perigosa.

Portanto, a aversão é algo que ainda podemos considerar como aceitável em nossa condição atual de animais instintivos.

Futuramente, quando nos tornarmos seres mais evoluídos e nosso mundo se encontrar em outra fase mais adiantada, não existirão mais animais ameaçadores e esses instintos desaparecerão.

> *"Tem assim o homem duas Naturezas: pelo corpo, participa da Natureza dos animais, cujos instintos lhe são comuns; pela alma, participa da Natureza dos Espíritos."* (O Livro dos Espíritos, p. 605)

99. Existe alguma sequência reencarnatória no que se refere às espécies?

R: Esta confusão ainda é muito comum entre as pessoas que se interessam em saber sobre a espiritualidade dos animais.

A confusão a que me refiro é entre considerar o corpo e o espírito como a mesma coisa. Não é! Quem evolui e reencarna para evoluir é o espírito e não o corpo.

O Espírito de Verdade disse em *O Livro dos Espíritos*: *"Teu Espírito é tudo; teu corpo é simples veste que apodrece: eis tudo".* O corpo é apenas um instrumento de manifestação do espírito neste e em outros mundos físicos, mas não evolui.

À medida que o nosso espírito e o dos animais também evolui, recebemos corpos específicos de acordo com nossas necessidades evolutivas, porém, como dissemos, os corpos são modelos específicos criados para nossa evolução e crescimento espiritual.

Quanto a isso, encontramos em *O Livro dos Espíritos*: *"O corpo é o alambique em que a alma tem que entrar para se purificar".* No que se refere à evolução das espécies (como corpos físicos), as respostas são mais detalhadamente encontradas nos estudos científicos de Darwin.

> *"Dissestes que o estado da alma do homem, na sua origem, corresponde ao estado da infância na vida corporal, que sua inteligência apenas desabrocha e se ensaia para a vida. Onde passa o Espírito essa primeira fase do seu desenvolvimento? – Numa série de existências que precedem o período a que chamais Humanidade."*
> (O Livro dos Espíritos, p. 607)

100. Os animais passam por alguma evolução em sua forma ou sempre vêm da mesma maneira? Por exemplo: Um cão vai ser sempre cão?

R: Em *O Livro dos Espíritos*, encontramos *que* "uma planta é sempre uma planta, um animal é sempre um animal e o homem é sempre homem". Por outro lado encontramos que o espírito evolui do "átomo ao arcanjo".

Encontramos que os homens passaram pela "fieira da animalidade" e que o espírito que anima o ser humano já animou "seres inferiores da criação".

Parecem, à primeira vista, observações contraditórias, já que em um momento se diz que não há evolução e em outro que evoluímos do átomo ao arcanjo.

Parece um contrassenso, mas são os conceitos que dizem respeito a coisas diferentes. Um se refere ao corpo físico, imutável, do ponto de vista evolutivo e o outro se refere ao espírito. Este, sim, evolui.

Quando o Espírito de Verdade diz que "plantas são sempre plantas e animais são sempre animais", refere-se ao corpo físico que é simplesmente uma ferramenta de manifestação do espírito neste mundo físico. É um modelo preexistente que foi introduzido, por mudanças genéticas, no nosso planeta, no momento evolutivo adequado deste, para servir de vestimenta ao espírito (seja vegetal, animal ou mineral).

No entanto, o espírito, o princípio inteligente individualizado, desde que é criado, evolui sempre. Assim, o espírito que evolui será sempre o mesmo, apesar de estagiar em diversos corpos físicos em diferentes reencarnações.

> *"São os próprios Espíritos que se melhoram e, melhorando-se, passam de uma ordem inferior para outra mais elevada."*
> (O Livro dos Espíritos, p. 114)

101. Os animais sempre reencarnam ou não?
R: Todos os espíritos de um modo ou de outro, estejam em que estágio evolutivo estiverem, possuem corpos de variados graus de sutileza, de acordo com o seu grau de evolução e com o mundo onde estiverem estagiando. Portanto, o espírito que faz estágio na fase animal, que é um estágio ainda primitivo, ao perder o seu corpo físico por ocasião da desencarnação, retorna, obrigatoriamente, à dimensão espiritual e se prepara para retornar ao mundo físico em um novo corpo, preparado especialmente para este espírito.

A reencarnação é uma das Leis Universais a que tudo que há no Universo está sujeito.

Assim sendo, os animais reencarnam sempre, pelo fato de serem seres espirituais submetidos às mesmas leis que regem os demais seres espirituais do Universo como nós, por exemplo.

> *"Tendo alcançado a soma de perfeição de que é suscetível a criatura, não tem mais que sofrer provas, nem expiações."*
> (O Livro dos Espíritos, parte 2 – cap. I)

102. Um cão pode reencarnar em um gato?
R: Como dissemos, o espírito evolui estagiando nas mais distintas fases, nos mais diversos tipos de corpos físicos, nas mais variadas espécies.

Quanto maior a experiência de vida física, que o espírito tiver, maior será sua maturidade espiritual. Por isso, o espírito, que faz estágio em uma determinada espécie, permanecerá nela até que todo o aprendizado que aquela espécie pode fornecer, escassear.

Uma vez terminado o seu estágio naquela espécie, pois nada mais se acrescentará em suas experiências, passará para outra diferente fase evolutiva, em outra espécie em que ele poderá aplicar com mais eficiência o seu aprendizado anterior.

Como a evolução é contínua, o espírito, necessariamente, prossegue reencarnando em outras espécies, nas quais nunca esteve anteriormente.

No caso de um espírito que estagiou na fase canina, nada impede de reencarnar em um corpo de felino, desde que não tenha passado por esta fase anteriormente e tenha terminado seu estágio naquela fase anterior.

> *"À alma dos animais é dado escolher a espécie de animal em que encarne? – Não, pois que lhe falta livre-arbítrio."* (O Livro dos Espíritos)

ANIMAIS E ENERGIAS

> *"Os bons espíritos se utilizam dessa influência (energia) para o bem e os maus espíritos para o mal."* (Espírito de Verdade)

103. Dizem que é bom ter animal em casa porque quando ele adoece é que alguma coisa de ruim iria acontecer a alguém da família, mas "caiu nele". Isso é verdade?

R: Deus não faria isso com os animais, isto é, não deixaria que os animais fossem colocados ao nosso lado somente para servirem de meio para evitar que soframos. Se nós, que somos humanos e, portanto, falhos e imperfeitos, não quereríamos que um filho fosse submetido a algum sofrimento para proteger outro filho, que dirá da bondade infinita do Criador do Universo, que vê todos os Seus filhos com o mesmo Amor e confere a cada um a mesma importância. Os animais que se enfermam em contato com essas energias deletérias do ambiente doméstico em desequilíbrio são vítimas de nossas imprudências. Deveríamos ter animais em casa como companheiros e irmãos que precisam de nosso carinho e não de nossas energias mais densas.

Quando, por serem mais sensíveis, adoecem antes, não significa que ela, a energia, deixou de estar no ambiente, ameaçando os presentes. É preciso tentar modificá-la antes que prejudique os familiares do mesmo modo como agiu sobre a pobre vítima animal.

> *"Pela assimilação dos fluidos... o espírito pode servir-se de seus órgãos como se fossem seus e paralisar-lhe o livre-arbítrio."*
> (Espírito de Verdade)

104. Nossos pensamentos de amor aos animais entram na composição da psicosfera da Terra?

R: A psicosfera do planeta é uma somatória de todas as nossas energias psíquicas e dos seres que compartilham conosco desse mundo físico e do mundo espiritual de dimensões próximas. Em nosso mundo físico há provas científicas de que os animais possuem psiquismo, ou seja, eles emitem ondas de pensamento que farão parte desse conjunto de pensamentos do nosso orbe. Outras pesquisas científicas indicam que as plantas possuem algum tipo de psiquismo, mesmo que primário, mas ainda assim é psiquismo, que fará parte do conjunto dessas ondas que circundam o nosso mundo físico. Alguns especulam a possibilidade de os minerais também terem rudimentos de psiquismo e que tomam parte nessa psicosfera do planeta.

Todos os pensamentos nossos, sejam eles bons ou ruins, farão parte dessa psicosfera planetária e darão as características ao conjunto. Em um mundo onde a maioria das pessoas pensa em fazer o bem e praticar a caridade, a psicosfera apresenta-se como uma energia leve e agradável. Onde os pensamentos são de desagravo e de ódio, o ambiente energético, criado no planeta em função desse conjunto de ondas psíquicas, é mais pesado e denso. Essa psicosfera funcionaria como um medidor do nosso grau de evolução espiritual e determinaria a classificação do mundo em questão nesta ou naquela categoria evolutiva. Estamos passando para um mundo chamado de regeneração onde as ondas psíquicas são mais leves e mais amorosas. Os pensamentos de amor dirigidos a quem quer que seja (animal, vegetal ou mineral) tomam parte na formação dessa psicosfera.

> *"Quando um espírito, bom ou mal, quer agir sobre um indivíduo, ele o envolve... como um manto."*
> (Espírito de Verdade)

105. Por que uma pessoa que fica doente pode provocar sintomas idênticos nos animais que convivem com ela? Meu pai tinha um passarinho que desenvolveu uma enfermidade na perna igual à dele.

R: Quando ficamos enfermos, significa que nosso corpo espiritual ficou enfermo antes, indicando que o espírito já estava em desequilíbrio. Ao surgir a enfermidade no corpo físico, ela já tinha sido criada mentalmente (mesmo que inconscientemente). Muitas vezes a imagem prévia da enfermidade está formada em nossa mente como se fosse um protótipo da doença que surge como um pensamento consolidado (forma-pensamento). A partir desse pensamento podemos transmitir as vibrações aos circunstantes, incluindo pessoas e animais. As pessoas podem absorver essas energias e desenvolverem algum desequilíbrio também e o mesmo ocorre com os animais que podem reproduzir as formas-pensamentos em si. Como dissemos, os animais são como esponjas secas que absorvem energias do ambiente facilmente e podem adoecer se essas energias forem determinantes de enfermidades.

> *"O Espiritismo trouxe... o remédio ao mal mostrando-lhe a causa."* (Espírito de Verdade)

106. Como pode ser isso de haver pessoas de baixo padrão moral trabalhando com a recuperação da saúde de animais no Mundo espiritual?

R: Disse Jesus: "Quem precisa de médicos são os enfermos". Essas pessoas que não possuem boa índole, mas pretendem modificar sua conduta, merecem a atenção dos espíritos benevolentes tanto quanto as pessoas de moral elevada, pois são espíritos necessitados.

Não somente nós, mas também os animais possuem corpos físicos e corpos espirituais. As energias que circulam pelos corpos espirituais são mais sutis, enquanto que as do físico são necessariamente mais densas em função de nossa própria densidade orgânica. Quanto mais sutil for a energia, maior sua ação nos corpos fluídicos ou espirituais. Quanto mais densa for a energia empregada nas terapias energéticas, mais ação tem sobre os corpos físicos. É sabido que em homeopatia os medicamentos agem a nível físico enquanto estão mais concentrados e, à medida que são mais diluídos, passam a agir sobre os corpos espirituais. Precisamos ver sempre o lado positivo, até mesmo nas coisas que aparentemente não o possuem. As pessoas cuja índole precisa ser trabalhada para o bem possuem maior teor de energias densas que, se moduladas adequadamente, podem se constituir em reformadores celulares ao transferirem energias vitais aos tecidos lesados de animais ou pessoas enfermas. Por serem animais encarnados, mesmo estando desdobrados no Plano espiritual, seus cordões prateados transferem as energias captadas e as distribuem nos corpos físicos que as aproveitam como remédios. Os encarnados que se prestam a auxiliar os animais desse modo também possuem os cordões prateados, ligados aos seus corpos físicos. A partir deles, transferem essa energia, repassando aos enfermos, que podem ser animais ou humanos (depende da modulação energética feita por equipes especializadas). Pessoas de boa índole possuem menor densidade e menor quantidade de energias regeneradoras e quando as têm agem melhor por ação direta ao corpo físico do enfermo pela imposição de mãos (agindo diretamente em vigília, como médiuns de cura).

> *"Não é o bom espírito que é fraco, é o médium que não é bastante forte para sacudir o manto que se lança sobre ele."* (Espírito de Verdade)

107. Como funciona isso de o animal apresentar câncer em função da absorção de energias de seus donos?

R: O ambiente psíquico nos meios humanos é geralmente denso e suas energias circulam entre nós. Quando nos relacionamos com outras pessoas, fazemos trocas energéticas e não raramente as acumulamos em nosso ambiente. Quando essas energias ambientais são positivas, somos promotores de saúde e bem-estar, mas quando acumulamos energias densas demais podemos ser coautores de enfermidades em quem estiver no ambiente. Os animais são muito sensíveis e absorvem inadvertidamente parte dessas energias, por serem desprovidos delas. Seria como se fossem esponjas secas e os ambientes humanos, lugares alagados. Quando seres humanos estão envoltos por energias muito densas, por causa de sua sensibilidade os animais podem ser capazes de adquirir alguns transtornos. Eles são sensíveis às energias do ambiente e as absorvem facilmente, contaminando-se. Essa contaminação é capaz de causar prejuízos à saúde deles, e até infecções, distúrbios orgânicos e câncer. Os animais não seriam, como querem alguns, antenas que absorvem as energias que deveriam atingir os seus donos. Na verdade, essas energias já atingiram seus donos e também os animais e não somente os animais. O que faz parecer que somente eles são atingidos é o fato de serem tão sensíveis a essas energias, enquanto os humanos são mais resistentes a elas, por serem próprias de seu grupo.

> *"Os Espíritos exercem, sobre o mundo moral e sobre o mundo físico, uma ação incessante."* (O Livro dos Espíritos - introdução)

108. Eu tenho uma mestiça de *pastor*, e quando meu amigo Márcio, umbandista, vem me visitar, ela perde a valentia e se esconde rapidamente. Por quê?
R: O cientista Rupert Sheldrake, biologista inglês, apresentou a teoria dos campos mórficos. Segundo essa teoria, os animais são capazes de captar o campo eletromagnético das pessoas. Esses campos transmitem aos animais informações atreladas a outras energias que eles

conseguem captar, por exemplo, pensamentos, sensações e emoções das pessoas. Além disso, possuem grande capacidade de visualizar o que acontece na dimensão próxima a eles, captando imagens e sensações obtidas do plano espiritual. Para eles, são comuns as visões de espíritos, e essa capacidade é tão corrente que eles, frequentemente, quase não fazem distinção entre um encarnado e um desencarnado. Se a pessoa (encarnada ou desencarnada) que se lhe apresente causar alguma impressão negativa, o animal captará a energia e reagirá de diversas formas, conforme seus instintos de fuga ou luta. Se a pessoa estiver acompanhada por espíritos que lhes causem sensações desagradáveis, também reagirão de forma negativa. Isso não tem nada a ver com religião, mas, sim, com a pessoa que pode estar com energias as quais o animal teme ou pode estar acompanhada por entidades que se caracterizam pelas baixas vibrações. O animal poderia reagir dessa forma diante de um kardecista se interpretar sua presença como uma ameaça. Assim, o mesmo animal poderia reagir negativa ou positivamente ao contato com pessoa de qualquer religião. A reação ocorre de modo individual e varia de animal para animal e de pessoa a pessoa.

> *"Fora mesmo necessário supor-lhes, para algumas experiências, um dom de segunda vista superior ao dos sonâmbulos mais lúcidos."*
> (O Livro dos Médiuns)

109. Minha vizinha tem um cachorro que veio morar com ela depois que seu ex-marido desencarnou. Quando o marido desencarnou o cachorro ficou ao lado do corpo até aparecer alguém. Isso já faz algum tempo, mas ele ainda está triste e não come direito. Por que isso? O que podemos fazer?

R: No Japão, há a estátua de um cão chamado Kurô, que todos os dias acompanhava seu dono até a estação de Tokyo e o aguardava para retornar ao lar todos os fins de tarde.

Certo dia, Kurô acompanhou seu dono até a estação, como fazia regularmente, viu o dono partindo e se deitou na margem dos trilhos aguardando o seu retorno.

A tarde chegou e seu dono não retornou, mas Kurô esperou pacientemente. A noite veio e em seguida amanheceu, mas seu dono não veio.

O dia passou e depois a noite caiu novamente. Kurô não saía dali nem mesmo para se alimentar do que pessoas conhecidas lhe traziam. Queria que seu dono voltasse logo, pois estava demorando demais.

Os dias se passaram sem que Kurô soubesse que seu dono não mais voltaria porque morreu no caminho de volta para casa havia três dias.

O cão emagrecia a olhos vistos. Suas costelas se tornavam salientes sob a pele ressecada pela desidratação, pois sequer bebia algum gole de água. As pessoas que o conheciam choravam ao seu lado compartilhando de sua dor, mas Kurô não se importava com isso. Queria seu dono de volta e não importava nem comida, nem água e nem a vida.

De fato, sete dias depois Kurô desencarnou deitado na mesma posição em que esteve desde que seu dono partiu.

Como homenagem à fidelidade desse cão, hoje existe nessa estação sua estátua como símbolo de fidelidade e amizade.

Os animais podem ser mais fiéis do que podemos supor e mais sensíveis do que imaginamos. A depressão é comum entre os animais domésticos e pode se manifestar em forma de alguma enfermidade. Dependendo da personalidade e da sensibilidade, talvez nada o convença, mas se for possível substituir a atenção dada pelo dono por outra pessoa tão dedicada quanto ele, talvez se consiga algo positivo. Os animais não são tão diferentes de nós.

> *"Os animais não são simples máquinas, como supondes."* (O Livro dos Espíritos, p. 595)

110. No caso dos cavalos que davam as suas respostas (Cavalos de Elberfeld) utilizando os cascos para responder, não poderiam ser espíritos usando os animais para responder às perguntas?

R: Os cavalos de Elberfeld, para quem não sabe, foram treinados para se comunicar com pessoas por um tipo de código de batidas com os cascos no chão.

Por meio deste, os cavalos podiam dizer o que pensavam e o que sentiam e foram capazes de aprender a resolver questões complexas de Matemática.

Qual a sua dúvida para o tema: a espiritualidade dos animais

É sabido que o cérebro deles tem quase o mesmo tamanho de um cérebro humano e, se formos usar esse critério para considerar a inteligência, nada há para se surpreender se conseguirmos respostas inteligentes destes seres. Esses equinos não somente aprenderam a resolver questões matemáticas contendo as quatro operações básicas, como resolveram questões envolvendo raiz quadrada e cúbica.

Eles também conversavam com o seu dono e com o cientista que os examinou (Maeterlinck), dando respostas inteligentes e ponderadas. Surgindo a dúvida desta pessoa que nos escreveu, de que os animais sejam capazes de dar respostas inteligentes, ela cogitou a possibilidade de algum espírito estar influenciando o animal a dar as respostas corretas. É uma possibilidade. No entanto, a influência de um espírito sobre um animal, se considerarmos, hipoteticamente, que sejam desprovidos de inteligência, seria algo muito difícil.

Seria complicado coordenar movimentos e reações dos animais com as respostas corretas. Sendo supostamente estúpidos, o trabalho do espírito brincalhão seria absurdamente extenuante, pois teria que agir sobre um corpo e não sobre sua inteligência ou sua mente.

Não podemos dizer que seja impossível, mas não seria prático a um espírito brincalhão, que provavelmente escolheria algum "brinquedo" mais facilmente manipulável.

Neste caso o animal estaria agindo como se fosse um médium inconsciente e nós sabemos das respostas de Erasto, em *O Livro dos Médiuns*, quanto à mediunidade dos animais. Segundo este Espírito, os animais não podem ser médiuns.

> *"A inteligência se revela por atos voluntários, refletidos, premeditados, combinados, de acordo com a oportunidade das circunstâncias. É incontestavelmente um atributo exclusivo da alma."* (A Gênese)

111. Você disse que os animais são susceptíveis de se influenciarem com os espíritos, então as manifestações inteligentes deles não poderiam ser dos espíritos de humanos?
R: Esta pergunta é semelhante à anterior. Quando a pessoa fez esta pergunta, estávamos falando sobre mediunidade dos animais. Desdizendo Erasto, comentamos sobre o caso de um periquito que se fez de intermediário de uma comunicação entre o mundo dos espíritos e dos encarnados:

Em *10 Claves em Parapsicologia*, citado por Carlos Bernardo Loureiro no livro *Fenômenos Espíritas no Mundo Animal*, encontramos referências a um caso de mediunidade em animais. Houve um casal que vivia na Alemanha e em 1971 faleceu a filha deles, Bárbara. Meses depois do ocorrido, o periquito começou a falar. Inicialmente, falou com voz masculina, e dava notícias da filha falecida.

Depois de algum tempo, a própria Bárbara começou a se comunicar por intermédio da ave. Algumas vezes, o pássaro se comunicava com diferentes vozes desconhecidas em outros idiomas como russo, francês, inglês e outros idiomas. Estudos realizados pelo cientista dr. Konstantin Raudive demonstraram que os fenômenos eram autênticos, descartando a possibilidade de alguma fraude.

Entretanto, nesse caso, o periquito se mantinha em transe, não respondia nem mesmo a estímulos dolorosos. Percebemos que o animal usado pelos espíritos se tornava alheio ao que acontecia ao seu redor, tornando-se uma espécie de fantoche.

No caso de manifestações inteligentes, os animais se mostram totalmente conscientes enquanto demonstram suas capacidades intelectuais.

Em 2002, a fêmea de um corvo que construiu um artefato, instrumento que facilitou alcançar um pedaço de carne escondido, estava consciente e observou as possibilidades antes de agir, isto é, ela pensou antes de agir.

No experimento com um pombo que encontrou, por si só, um padrão nas imagens sequenciais, mostradas por cientistas, não se mostrou alheia, mas, ao contrário, pareceu interessada em descobrir qual era a sequência de imagens corretas. Ela pensou antes de agir.

Achamos que é mais fácil que um animal aja inteligentemente do que sob influência de outro espírito desencarnado.

> *"Todo ato maquinal é instintivo; o ato que denota reflexão, combinação, deliberação é inteligente. Um é livre, o outro não o é."* (A Gênese)

112. Eu consigo ouvir o que os animais falam. Consigo ouvir meu cachorro a distância. Dizem que sou desequilibrada. Algum cientista já provou que isso é possível?

R: Sim. O cientista Rupert Sheldrake provou que os animais podem se comunicar conosco por telepatia. A jornalista Adriana Resende, da Agência Folha, ao entrevistar o cientista citou a teoria dos campos mórficos como tese que explicaria os mecanismos de telepatia deles conosco:

"**Agência Folha** – Como é essa teoria dos campos mórficos?

R: Rupert Sheldrake – Campos mórficos são laços afetivos entre pessoas, grupos de animais, como bandos de pássaros, cães, gatos, peixes, e entre pessoas e animais. Não é uma coisa fisiológica, mas afetiva. São afinidades que surgem entre os animais e as pessoas com quem elas convivem. Essas afinidades é que são responsáveis pela comunicação.

Agência Folha – Em que o senhor fundamenta a sua teoria?

R: Rupert Sheldrake – Pesquisei as atitudes dos bichos durante cinco anos. Mais de 200 pessoas me deram seus depoimentos sobre a relação com seus bichinhos e atestaram esse tipo de comunicação que explico no meu livro. A partir dos relatos, levantei modelos gráficos do comportamento de vários animais.

Agência Folha – Que animais seriam mais sensíveis à telepatia com os humanos?

R: Rupert Sheldrake – Cachorros são mais sensíveis que gatos, que são mais sensíveis que cavalos e papagaios".

> *"Os bichos podem se comunicar por telepatia com as pessoas."* (Rupert Sheldrake)

113. Em sonho recebi uma orientação para ajudar o meu cachorro que tinha um tumor exposto. Disseram para fazer um curativo e usar um remédio. Será que teve o câncer por influência nossa? Pois outros também tiveram pedras nos rins e na bexiga.

R: Os animais estão o tempo todo sendo assistidos por Espíritos benevolentes que se comprazem em tê-los sob seus cuidados. Quando um de seus assistidos se encontra em alguma situação de enfermidade, rapidamente eles se mobilizam em auxiliá-lo.

Se a enfermidade estiver causando alterações físicas importantes e o animal necessite de amparo com recursos físicos, os Amigos Espirituais não perdem tempo tentando minimizar as consequências. Quando nos desdobramos durante o sono físico, os encontramos e podemos receber as orientações necessárias para auxiliá-los também aqui na dimensão física.

O câncer é uma enfermidade física que pode ter origem emocional e espiritual, mas com frequência tem origem exclusivamente física. Imagine uma pessoa sendo exposta a uma radiação atômica forte, como a que ocorreu há alguns anos na Rússia depois que uma usina nuclear explodiu. Mesmo que ela estivesse totalmente equilibrada emocionalmente, os efeitos da radiação se fariam sentir sobre seu corpo e alguma enfermidade, como o câncer, por exemplo, se manifestaria.

Os animais que vivem nas cidades estão sujeitos às ações nocivas de seu ar, das diversas radiações e de seus alimentos artificiais. Se formos pensar nestes termos, sobre a nossa responsabilidade na produção destas enfermidades, então, somos aqueles que influenciam no surgimento delas.

No entanto, a vida na cidade faz parte do nosso aprendizado não há como nos desviarmos de nosso destino de crescimento espiritual e nem eles. Sofreremos as consequências de nossa desatenção quanto ao que comemos e aos gases que respiramos, mas as pessoas que tiverem consciência da situação tentarão evitar que isso se prolongue aos nossos descendentes. Por enquanto ainda temos que conviver com isso.

> *"Se está ao nosso alcance poupar a vida e o sofrimento de outros seres vivos, por que não fazê-lo?"* (Irvênia Prada)

114. Meu cachorrinho morreu. Sei que o Espiritismo é uma doutrina de consolação, mas até mesmo em relação aos animais há como me consolar?

R: Uma pessoa nos contou sobre um caso envolvendo Chico Xavier e seu cão. Ele tinha em sua casa cerca de cem animais, entre cães e gatos. Nesta grande família que vivia sob seus cuidados havia um preferido. Seu nome era Dom Pedrito. Era um cão sem raça definida, muito brincalhão e simpático que o distraía com suas peripécias. Certo dia, Dom Pedrito distraiu-se e saiu para o meio da rua sem perceber que um automóvel vinha em sua direção. Não tendo tempo de desviar do veículo, chocou-se com ele e desencarnou rapidamente.

O médium, ao receber a má notícia, entrou em depressão e adoeceu. Seu abatimento foi tal que se acamou por várias semanas. Os amigos vinham visitá-lo, tentando animá-lo.

Foi necessário que o tempo passasse para sair desta fase, mas ele não esquecia o amigo desencarnado. Depois de algum tempo, o amigo espiritual Emmanuel manifesta-se para ele e avisa que um cão o seguia, quando ele andava por uma via pública e explicou que era o Dom Pedrito que retornara ao lar.

Chico, feliz, recolheu o cão e voltou para casa onde encontrou um amigo a quem relatou o ocorrido. Segundo este amigo, Chico explicou que era a quinta vez que o Dom Pedrito voltava para ele.

Veja, se Chico Xavier com toda sua compreensão da espiritualidade sofreu com a perda de um amigo animal, que já tinha retornado antes para ele quatro vezes, não se sinta diferente por sofrer com uma separação traumática como é a desencarnação.

Mas tenha em mente que eles voltam para nós, quando tiverem que voltar.

> *"Bem-aventurados os que sofrem, pois que serão consolados."* (Jesus)

115. O meu cachorro morreu depois que passei por uma fase difícil. Perdi o emprego, meu noivo me deixou. Sei que não estava bem e minha energia estava ruim. Será que matei o meu cachorro?

R: Algumas vezes passamos por situações que nos alteram as energias e acabamos criando um ambiente impróprio para os animais que estão à nossa volta.

Eles podem ser muito sensíveis a essas energias e, dependendo desta sensibilidade, podem absorvê-las e desenvolver desequilíbrios orgânicos, que são rapidamente corrigidos pelos Amigos Espirituais que cuidam de sua segurança.

No entanto, algumas vezes o ambiente fica saturado dessas energias e dificulta a intervenção dos Amigos Espirituais.

Não podemos dizer que, neste caso, a energia desta pessoa tenha sido a causa da morte do seu amigo animal, pois também não podemos esquecer que cada animal é também um indivíduo com vida própria e, portanto, sujeito a outras interferências do ambiente, inclusive ficar sob os efeitos de seus próprios desequilíbrios orgânicos intrínsecos.

Mesmo assim, se a pessoa tem consciência de que as suas energias podem representar, quando alteradas, uma ameaça aos animais e pessoas sensíveis ao redor, isto representa um ponto positivo, pois terá condições de tentar modificá-las e melhorá-las.

A prática do Evangelho no Lar é uma boa opção que ajuda a modificar as energias do ambiente.

> *"A harmonia existente no mecanismo do Universo patenteia combinações e desígnios determinados e, por isso mesmo, revela um poder inteligente."*
> (O Livro dos Espíritos)

116. Minha gatinha morreu e, para surpresa nossa, apareceu em casa, ontem, um filhote idêntico. Como explicar essa coincidência?
R: *"O homem de bom senso pode considerar o acaso um ser inteligente? E, demais, que é o acaso? Nada"* (O Livro dos Espíritos, p. 8). Coincidências não existem porque o acaso não existe. Assim sendo, quando algo nos acontece, por mais estranho que possa parecer, foi determinado por algo.

Se o fato ocorreu, algo o impulsionou, então há uma causa. Se um animal idêntico ao seu surgiu ao seu lado, talvez não seja o seu antigo gatinho, que tenha retornado, mas de qualquer modo pode ser outro que você tenha que aprender a amar tanto quanto aquele que você perdeu.

> *"Que é o acaso? Nada."*
> (O Livro dos Espíritos, p. 8)

117. Minha cachorrinha tinha 8 anos e nunca ficou doente, de repente teve um ataque cardíaco e morreu. Apesar de sermos Espíritas, sofremos muito. Como deve estar do "Outro Lado"? Há possibilidade de nos vermos de novo?

R: Podemos dizer que ela recebeu um presente por ter a oportunidade de desencarnar rápido e sem sofrimento. São tantos os que desencarnam em sofrimento.

Quando o tempo previsto para permanecerem neste mundo termina, retornam ao Mundo espiritual. E continuam suas experiências em outras localidades deste ou de outros mundos físicos.

Não se constranja por se entristecer ao se separar de um ente querido. Isso acontece com quase todos em situações semelhantes.

Enquanto seu animal estiver na dimensão espiritual, há a possibilidade de um reencontro, pois temos acesso àquela dimensão também ao desdobrarmos durante o sono. Há a possibilidade de os visitarmos para obter notícias. Ainda que não os vejamos no Mundo espiritual, é possível que retornem para nós em um novo corpo para continuarem o aprendizado, a menos que sua jornada ao nosso lado já tenha findado. Neste caso eles continuarão o aprendizado com outras pessoas e em outras localidades.

> *"Deus reserva grande e imensa consolação."*
> (O Evangelho Segundo o Espiritismo –
> Cap. XIII, nº 19)

118. Não consigo esquecer minha cachorrinha que desencarnou recentemente. Choro constantemente e sofro muito. Eu a tinha como uma filha. Será que ela sofre também com essa separação?

R: De acordo com informações adquiridas de nossos Amigos Espirituais, sabemos que os animais, mesmo estando desencarnados, sofrem a influência de nossos lamentos e pensamentos de desalento, tanto quanto aconteceria se lamentássemos por um espírito humano de algum parente ou algum amigo próximo.

Sabemos pelas pesquisas do cientista Rupert Sheldrake, que os animais se ligam a nós pelo pensamento, pois possuem a capacidade de telepatia. Esta capacidade não desaparece ao retornarem ao Mundo espiritual.

Quando retornam à Espiritualidade, podem ser colocados imediatamente dentro dos processos preparatórios para reencarnar, mas se estiverem ligados a nós, mentalmente, captam nossos sentimentos e pensamentos, se perturbam e acabam por atrasar o processo reencarnatório, que precisa ser momentaneamente suspenso.

Enquanto persistirmos nessa ligação mental, não somente os atrasaremos no que se refere ao retorno para nós, no mundo físico, mas também os perturbamos, pois sentem e sofrem com nossos pensamentos decorrentes da separação, mesmo estando em estado de suspensão. É melhor nos desligarmos deles e aguardar o retorno.

> *"Vejamos que meios o Pai misericordioso me pôs ao alcance para suavizar o sofrimento do meu irmão."*
> (O Evangelho Segundo o Espiritismo)

119. Eu sonhei com meu cachorro que morreu e ele estava todo sujo de terra. Minha mãe falou que era por causa da "alma da Terra". O que aconteceu com meu cachorro?

R: Não sabemos qual era o raciocínio da pessoa que usou o termo "alma da Terra", mas cremos que não haja qualquer relação com a explicação para o sonho que você teve. Segundo encontramos em *O Livro dos Espíritos* – p. 144 temos: "Que se deve entender por alma do mundo? O princípio universal da vida e da inteligência, do qual nascem as individualidades. Mas os que se servem dessas palavras frequentemente não se compreendem. O significado do vocábulo alma é tão amplo que cada um a intrepreta de acordo com seus conceitos e fantasias. Tem-se, por vezes, atribuído uma alma à Terra, mas por isto se deve entender o conjunto dos Espíritos abnegados que dirigem para o bem as ações de todos, quando são ouvidos, e que são, de certa maneira, os lugares-tenentes de Deus na Terra."

Quanto aos sonhos, podemos dizer que o nosso Espírito se liberta durante o descanso do corpo físico e voltamos, em espírito, ao Mundo espiritual: "Como podemos julgar da liberdade do Espírito durante o sono?

"Pelos sonhos, quando o corpo repousa, acredita-o, tem o Espírito mais faculdades do que no estado de vigília.

Lembra-se do passado e algumas vezes prevê o futuro. Adquire maior potencialidade e pode pôr-se em comunicação com os demais Espíritos, quer deste mundo, quer do outro".

Como é o nosso Espírito que se liberta, ao retornarmos e nos acoplarmos ao corpo físico, nosso cérebro tenta passar algumas informações para o consciente e acaba por fazer interpretações firmadas em seus arquivos obtidos nesta vida encarnada.

Com isso acabamos dando contornos fantasiosos às imagens que se formam. O Espírito de Verdade diz:

"Muitas vezes, apenas vos fica a lembrança da perturbação que o vosso Espírito experimenta a sua partida ou no seu regresso, acrescida da que resulta do que fizestes ou do que vos preocupa quando despertos. A não ser assim, como explicaríeis os sonhos absurdos, que tanto os sábios quanto as mais humildes e simples criaturas têm? Acontece também que os maus Espíritos se aproveitam dos sonhos para atormentar as almas fracas e pusilânimes".

> *"Durante o sono, afrouxam-se os laços que o prendem ao corpo e, não precisando este então da sua presença, ele se lança pelo espaço e entra em relação mais direta com os outros Espíritos."*
> (O Livro dos Espíritos, p. 401)

120. Ouvi uma senhora contando sobre um cachorro que tinha morrido atropelado, mas mesmo assim ela continuou a vê-lo e até a acariciá-lo sem saber que já tinha desencarnado vinte dias antes. Como isso é possível?

R: Quem já leu o nosso livro *Todos os Animais são Nossos Irmãos* encontrará um capítulo chamado "Animais Errantes" no qual há um caso bastante ilustrativo sobre isso.

O que acontece é que os animais, ao retornarem ao Mundo espiritual, poderiam seguir os processos preparatórios para seu retorno ao mundo físico ou ficarem sob a tutela de algum espírito humano que se responsabilizaria por ele durante sua estada naquela outra dimensão.

Quando um animal se encontra aparentemente errante, na verdade está sendo acompanhado por algum espírito humano. Não está sob seus próprios cuidados.

Para saber mais sobre isso você também pode ler no livro *Os Animais Têm Alma?*, do cientista italiano Ernesto Bozzano, que conta diversos casos semelhantes testemunhados por pessoas.

No caso CXII, contado pelo autor, encontramos:

"Ele me salvou mais de uma vez das águas do rio em que estava a ponto de me afogar. Tinha doze anos quando perdi meu fiel amigo e chorei como se perdesse um irmão. Fico feliz ao saber que está perto de mim, com a certeza de que esses companheiros de nossas vidas tenham alma inteligente que sobrevive à morte do corpo e um perispírito graças ao qual podem reconstituir os seus corpos com a coleira com a inscrição ainda... despertou em mim recordações de mais de quarenta anos.

"A senhora Boc viu ainda o cão fazer grandes manifestações de alegria e depois desaparecer pouco a pouco".

> *"Sim, certamente, o fato apresenta algo de inconcebível e contraditório e, no entanto, ele se realiza incontestavelmente..."*
> (Bozzano – Os Animais Têm Alma?)

121. Minha gata de 1 ano de idade desapareceu há 4 meses. Não sei o que aconteceu, mas sonho com ela. Será que já está no Mundo espiritual?

R: Os animais, assim como nós, ao dormir, também podem se desdobrar, isto é, podem se libertar do corpo físico e se encontrarem livres no Mundo da Verdade.

Não podendo se afastar muito dele, mesmo estando no Plano espiritual, seus Espíritos estão ao alcance do corpo físico.

Mas também podem ter seu corpo espiritual libertado por ocasião de uma desencarnação.

É possível que o encontro tenha acontecido depois que o animal desencarnou e já se encontre totalmente no Mundo espiritual à espera de ser encaminhado para os trâmites reencarnatórios.

Por isso não é raro sonharmos com nossos animais ou pessoas que não sabemos o paradeiro, ou até termos vidência deles.

> *"Quando dorme, o homem se acha por algum tempo no estado em que fica permanentemente depois que morre."* (O Livro dos Espíritos, p. 402)

122. Pessoas muito apegadas aos animais são aproveitadas nas colônias espirituais para animais?

R: Algumas vezes encontramos quem se surpreenda quando comentamos que durante a noite nós nos desdobramos e participamos de reuniões no Mundo espiritual onde auxiliamos, não somente espíritos de pessoas, mas também animais. Alguns creem que somos especiais por participar destas reuniões. No entanto, centenas de pessoas que encontramos no cotidiano se apresentam também nesses encontros diários. Não raras vezes, em palestras, encontramos pessoas que nunca vimos no mundo físico, mas que reconhecemos da espiritualidade.

Não somos especiais, ao contrário, talvez sejamos grandes devedores e precisamos de aulas extras, para reforçar convicções e tentar deter nossas más tendências.

Nessas reuniões encontramos pessoas que, na maioria das vezes, faz seu trabalho de auxílio de modo discreto e quase ninguém sabe o que faz, em favor de animais e de pessoas.

É quase certo que se sentem bem auxiliando e fazem parte de algum grupo na espiritualidade, pois todo auxílio em favor dos que sofrem, sejam animais ou humanos, é bem-vindo. Não se pode desperdiçar trabalhadores de Boa Vontade.

> *"Quando o trabalhador estiver pronto, o trabalho lhe surge."* (Jesus)

123. Meu cachorro morreu e eu gostava muito dele. Era como um filho para mim. Perto de casa apareceram três cãezinhos para adoção, mas eu não quis porque estou esperando o meu voltar. Estou errada?

R: Não há o certo e o errado, há o nosso livre-arbítrio. Há o que nos convém e o que não nos convém. Temos toda a liberdade de escolher entre um procedimento e outro.

Ninguém pode criticá-la por sua escolha, pois quem é que pode atirar a primeira pedra? Tendo em vista que para cada escolha há também uma consequência positiva ou negativa, de acordo com a lei de causa e efeito, é sempre bom pensar nisto. E, para nos ajudar a pensar bem, temos o Evangelho servindo de guia nas decisões.

Nesse guia encontramos Jesus dizendo: "faça aos outros o que queres que lhe façam" e em outro trecho Ele diz: "ame ao próximo como a si mesmo". Decisões como as que lhe causam dúvidas, cabem a cada um em situações semelhantes, mas o que você esperaria se fosse um bebê, que tivesse sido abandonado por sua mãe no meio da rua, sem poder se alimentar sozinho e sem condições de sobreviver, porque é ainda uma criança indefesa?

O que você sentiria se encontrasse alguém que pudesse cuidar de você, mas não o faz porque está esperando por alguém que nem sequer sabe quando voltará ou se voltará?

E se um destes animais abandonados for quem você estava esperando?

Lembre-se de que o tempo é outro conceito relativo e o animal poderá reencarnar rapidamente ou não. Talvez já tenha reencarnado! Talvez você o esteja perdendo novamente! Quem sabe? As possibilidades são infinitas.

> *"Socorra-o, portanto, sem lhe pedir contas à consciência."*
> (O Evangelho Segundo o Espiritismo)

124. Tínhamos um gato, que morreu de doença não identificada, logo em seguida outra gata nossa foi envenenada e morreu também. Uma amiga vidente visitou-os no hospital astral, na colônia onde estão sendo cuidados, e nos trouxe a mensagem de que estão bem, mas ainda precisam de cuidados e demorarão um pouco para retornar para nós. Disse que ainda precisam aprender algo no Plano espiritual, já que eram muito meigos. Como explica isso?

R: Oswaldo Cordeiro em seu livro narra um encontro seu com Francisco Cândido Xavier, que lhe contou algo a respeito do tempo necessário para que os animais retornem ao mundo físico.

Chico Xavier disse-lhe que os animais agressivos e de índole difícil permanecem menos tempo na Espiritualidade e retornam mais rapidamente ao mundo físico para depurar o seu instinto selvagem, enquanto os animais mais dóceis se demoram mais tempo por lá, pois compartilham com os humanos de trabalhos em que são úteis auxiliares. Entretanto, o maior aprendizado deles ocorre no mundo físico e não no espiritual.

Por isso, mesmo os animais dóceis não costumam se demorar muito tempo na espiritualidade onde seu aprendizado é menos eficiente do que ao que se submete estando encarnado. O tempo é bastante variável, dependendo da espécie e da raça, mas, de modo geral, o retorno dos animais ao mundo físico é relativamente rápido, se comparado com o tempo necessário para os humanos.

> *"A morte exprime realidade quase totalmente incompreendida na Terra."* (Conduta Espírita)

125. Fico mentalizando meus gatos que já desencarnaram. Tenho direito de pedir a Deus que mantenha meus animais perto de mim para que ajudem na minha evolução?

R: Nosso direito vai até onde começa o direito do outro, deve estar fora dos limites dos direitos do próximo. Não temos o direito de invadir seu território, a menos que nos permitam, de bom grado.

Os animais possuem os mesmos direitos à evolução que nós e, estando eles desencarnados, possuem, portanto, o direito de passar pelos processos reencarnatórios com tranquilidade.

Não devemos com as nossas rogativas, até certo ponto egoístas, prejudicá-los, ao buscarmos nossos objetivos de bem-estar, em detrimento do deles.

Se não estivermos visando, em primeiro lugar, ao bem-estar deles e insistimos em interferir nos seus direitos de evoluir com tranquilidade, na verdade não estaríamos contribuindo em nada para o nosso caminho evolutivo.

Ao insistirmos em agir deste modo egoísta, estaremos prejudicando também a nossa própria evolução, pois ela depende única e exclusivamente de nosso próprio esforço. Não podemos ficar na dependência de terceiros para nos elevarmos espiritualmente e principalmente dos espíritos dos animais, que são nossos tutelados. Os animais possuem seu caminho evolutivo e nós temos o nosso.

Cuidemos do nosso, que já não é tarefa fácil.

> *"A saudade somente constrói quando associada ao labor do bem."* (Conduta Espírita)

126. Gostaria de saber se é possível obter informações de nossa gatinha que desencarnou. Gostaria de saber se ela está bem?

R: Diversas pessoas nos procuram para saber se tenho como obter notícias deste ou daquele animal que desencarnou.

Muitos têm grande necessidade de saber se eles estão bem, no Mundo espiritual e perturbam-se enquanto não obtêm tal notícia.

Dizem que sonham com seus animais e que, durante os sonhos, passeiam e brincam com eles como se estivessem ainda encarnados. Sentem-se bem com tais sonhos, porque os fazem sentir como se ainda tivessem seus companheiros ao seu lado. Alguns se entristecem porque não conseguem se desligar dos animais e pensam neles o tempo todo. Isso os perturba na outra dimensão.

Uma maneira de aliviar nossas ansiedades quanto aos nossos amigos afastados, temporariamente, é buscar diretamente no Mundo espiritual as notícias desejadas sobre a situação deles. Na verdade, nós já fazemos isso, sem que, na maioria das vezes, saibamos conscientemente.

A cada noite de sono, nos libertamos do corpo físico e exploramos o Mundo espiritual, tendo contato com locais e espíritos conhecidos naquela dimensão, inclusive com os nossos amigos animais.

Quando sonhamos com eles, na maioria das vezes, é um contato real e mesmo que não nos lembremos conscientemente, o contato é feito. Portanto procure saber, você mesmo, como está o seu companheiro no Plano espiritual.

> *"O (Espírito) do animal, depois da morte, é classificado pelos Espíritos a quem incumbe essa tarefa e utilizado quase imediatamente."*
> (O Livro dos Espíritos, p. 600)

127. Sonhar com um animal de estimação já falecido pode significar um reencontro no Mundo espiritual?

R: Quando dormimos, nos desprendemos do corpo físico e temos maior liberdade espiritual. No momento do sono podemos vivenciar, todas as noites, o que acontecerá conosco no momento da desencarnação e todas as manhãs experimentamos o que nos acontecerá na reencarnação, quando reencontramos o nosso corpo físico.

Em liberdade espiritual, desligados parcialmente do corpo físico, nos encontramos na dimensão espiritual, onde podemos ter a oportunidade de visitar amigos desencarnados ou desdobrados, assim como nós, inclusive amigos animais.

Por isso, quando sonhamos com um animal que desencarnou, *é possível* que isto signifique que realmente o encontramos naquela dimensão.

Algumas vezes, em nossos sonhos, surgem imagens irreais e mirabolantes, que parecem mais com fantasia do que com realidade. Isso pode significar que mesclamos fantasias criadas por nosso cérebro físico, que armazena cenas vivenciadas no mundo físico com outras percebidas pelo espírito na dimensão espiritual.

Quando retomamos o corpo físico e tentamos interpretar o que nosso espírito percebeu quando esteve em liberdade, o cérebro representa uma barreira física às imagens espirituais.

Nem sempre o que vimos é bem interpretado por nosso cérebro, quando tentamos passar as informações para o nosso consciente.

As imagens podem não parecer tão reais, mas, com certeza, fazem parte de um reencontro no Mundo espiritual.

> *"Algumas vezes, é uma impressão real; mas também, frequentemente, não passa de mera ilusão, contra a qual precisa o homem pôr-se em guarda, porquanto pode ser efeito de superexcitada imaginação."* (O Livro dos Espíritos, p. 396)

128. Assim como recebemos psicografias de pessoas desencarnadas, podemos receber de nossos animais que já desencarnaram?

R: Em *O Livro dos Médiuns*, encontramos o Espírito de Verdade afirmando que há sempre espíritos zombeteiros para se divertir com a nossa ingenuidade e ignorância. Ele diz: "Evoca um rochedo e ele te responderá. Há sempre uma multidão de Espíritos prontos a tomar a palavra, sob qualquer pretexto". Como os espíritos estagiários na fase animal têm urgência em prosseguir em sua evolução, estagiando na dimensão física, em geral reencarnam rapidamente.

Poucos são os que permanecem tempos prolongados na espiritualidade.

Por isso, o Espírito de Verdade dizer: "no mundo dos Espíritos não há, errantes, Espíritos de animais".

Entendamos que errantes, como já comentamos anteriormente, se refere a espírito nômade, isto é, que se desloca livremente no Mundo espiritual e que tem a possibilidade de se comunicar conosco, os encarnados, se quiser.

Com os animais isso não acontece, pois, por serem espíritos com pouca experiência, podem ser vítimas de espíritos malévolos.

Os animais estão sempre sendo protegidos por espíritos zoófilos. Quando desencarnam, as notícias sobre eles são possíveis por intermédio daqueles espíritos amigos de animais que serviriam de intermediários, trariam notícias e informações, mas os espíritos dos animais não poderiam, em tese e por si só, enviar mensagens espirituais.

> *"Pode evocar-se o espírito de um animal? –*
> *Depois da morte do animal, o princípio inteligente que nele havia se acha em estado latente."*
> (O Livro dos Médiuns, p. 36)

129. Meus dois gatos foram envenenados. No mundo espiritual, o que acontece com uma pessoa que age assim?

R: Pela Lei da Igualdade, todas as criaturas do Universo são iguais perante Deus. Todos os seres têm os mesmos direitos. Alguns dizem que não há importância em matar um animal porque ele não é nada além de um estorvo, mas, na verdade, Deus dá a mesma importância a um grão de areia e ao arcanjo.

Todos somos parte deste Universo. Tudo o que nele existe é para que se mantenha o equilíbrio. Quando este é interrompido, o responsável terá que responder por isso, fazendo o possível para restabelecer o estado anterior.

Isso acontecerá não como uma cobrança e nem como castigo. Deus não castiga nem cobra, mas deixa que nós mesmos façamos isso, pois o desequilíbrio que criamos se reflete principalmente em nós mesmos e não na vítima de nossa desatenção. Na verdade, quando provocamos algum prejuízo físico ou emocional em algum outro ser, sempre há algum espírito benevolente para auxiliar a vítima, mas nem sempre há algum para auxiliar o algoz.

Em geral, a vítima sofre por instantes, mas o carrasco acaba sofrendo por tempo mais prolongado. A menos que compreenda que sua atitude causou um desequilíbrio no Universo, ao qual ele também faz parte, o reflexo em si persistirá e a dor também.

Não falamos isso para assustar nem para criar uma situação emocional que desperte algum sentimento de culpa, mas apenas para explicar que nada fica sem uma reparação, pois o Universo somente funciona dentro do equilíbrio e, enquanto ele não se restabelecer, a consciência daquele que praticou a crueldade o perturbará como sinal deste desequilíbrio, que, em última instância, somente ele percebe.

"Não temais os que matam o corpo, mas que não podem matar a alma."
(O Evangelho Segundo o Espiritismo, p. 80)

130. Por que os animais sofrem mais que os seres humanos?

R: Existem várias categorias de mundos. O nosso é um mundo primitivo onde os seres que vivem aqui são grosseiros com um propósito, pois ainda estamos em estágio inicial de desenvolvimento moral. Ainda assim nós, os humanos, estamos mais adiantados do que outros seres que convivem conosco. Os animais, por exemplo, que se encontram em fase de desenvolvimento anterior ao nosso, precisarão passar por experiências pelas quais nós já passamos e já experimentamos.

Por isso eles sofrem mais que nós. Mas o nosso mundo primitivo onde todos sofrem tem por característica este atraso evolutivo no qual os instintos ainda são muito desenvolvidos nos seres que vivem aqui. Ainda vivemos neste mundo onde tais instintos de sobrevivência dizem para cada um cuidar de sua vida a qualquer custo.

Sendo os ocupantes daqui tão primitivos assim, a preocupação com o bem-estar do próximo, pela população humana, ainda é algo que acontecerá somente no futuro. Por isso a maioria de nós não se preocupa com o seu próximo, seja humano ou animal. Ainda encontramos muitos que dizem ao ver um animal sofrendo: "É problema dele" ou "Não tenho nada com isso", enquanto deveria ser: "É problema nosso" ou "Isso não pode mais acontecer".

> *"A alma, em se depurando, sofre, sem dúvida, uma transformação; mas para isso é necessária a prova da vida corporal."* (Espírito de Verdade)

131. Se eu, por exemplo, matar um animal nesta encarnação, ele pode voltar a conviver comigo nesta ou em outra vida?

R: A palavra matar é forte e traz embutida uma energia pesada, que faz entender uma má intenção. No entanto, algumas vezes usamos este termo, de forma equivocada, para falar de eutanásia. Se a intenção era a de causar dor e sofrimento, então o termo está correto.

No entanto, cremos que se há uma intenção equivocada, é possível que se o mesmo animal retornar ao mesmo lar se torne um animal arredio e talvez agressivo. Será um novo aprendizado de convívio e exigirá paciência para que não caiamos no mesmo erro novamente.

Talvez os espíritos responsáveis pelo animal não o deixem voltar ao mesmo lar imediatamente até se certificarem de que ele poderá cumprir o seu roteiro de aprendizado com segurança. Para tanto se exigirá uma mudança de atitudes e pensamentos a respeito do padrão que esta pessoa vinha mantendo até o momento. A reforma íntima, sem dúvida, será exigida com urgência para que o animal retorne ao lar, com segurança.

"Deus é justo, julga mais pela intenção do que pelo fato."
(O Livro dos Espíritos)

> *"Não matareis; não causareis dano ao vosso próximo."*
> (O Evangelho Segundo o Espiritismo)

A ALMA DOS ANIMAIS

> *"Visto que os animais têm inteligência que lhes dá uma certa liberdade de ação, há neles um princípio independente da matéria."* (Allan Kardec)

132. Segundo o Espírito de Verdade em *O Livro dos Espíritos*, "todos os seres orgânicos têm alma". Então é errado nos alimentarmos até mesmo de vegetais?

R: Sim, todos os seres orgânicos têm alma e, sem distinção a que reino pertençam, possuem em si o princípio inteligente. Nos seres do reino mineral, o princípio vital está em estado latente, por isso ainda não podemos considerá-los seres com alma. Somente a partir dos seres orgânicos, isto é, os que se manifestaram no plano físico depois de estagiarem na fase mineral, são considerados portadores de alma, pois o seu princípio vital está ativo. O fato de terem alma não é o argumento para deixarmos de nos alimentar de carne, mas, sim, o fato de nos alimentarmos de seres que já possuem consciência do sofrimento e da dor a que se sujeitam ao serem sacrificados. Quando possuem alma, mas não a consciência ou percepção de sofrimento e dor, desses podemos nos alimentar, mas sem abusos. Não é porque os vegetais não sentem dores, como os animais, que vamos fazer deles o que quisermos. Eles merecem nosso respeito tanto quanto um animal ou uma pessoa, pelo simples fato de nos alimentar e manter a nossa vitalidade. É sabido que até mesmo os vegetais têm psiquismo, mas não chega a ser algo que lhes dê a percepção abrangente das coisas. Se forem servidos como alimentos não sofrerão tanto, mas saberão que estão sendo utilizados. Se simplesmente arrancarmos as partes (folhas), sem matar, elas não sofrerão tanto.

> *"Há neles (nos animais) um princípio independente da matéria... que sobrevive ao corpo."*
> (O Livro dos Espíritos)

133. Os animais agressivos o são porque é um reflexo de sua alma primitiva?

R: À medida que evoluímos, recebemos corpos adequados ao nosso desenvolvimento espiritual. Se formos espíritos primitivos não há porque recebermos corpos evoluídos e o contrário também é verdade. Sendo espíritos primitivos, corpos mais ao nosso padrão, ou seja, também primitivos, um colabora com o outro.

Um animal agressivo o é por consequência da ação de seu corpo e da vontade de seu espírito que concorda com a ação física de seu instrumento de manifestação. Sendo espírito primitivo e tendo um corpo no qual se reúnem características de primitivismo, não há de se estranhar que ajam de forma também primitiva. Então as características de agressividade são resultado de uma somatória de itens.

Precisamos atentar para o fato de que algumas vezes o espírito tem sua vontade suplantada pela ação do corpo. Parece difícil entender isso, mas basta observar o que acontecia antigamente, quando uma pessoa, desequilibrada por alta agressividade, por exemplo, era submetida a uma cirurgia para retirada dos lobos frontais do cérebro: sua agressividade decai muito e praticamente torna-se inexistente.

> *"Os animais têm o livre-arbítrio de seus atos? Eles não são simples máquinas como acreditais..."*
> (O Livro dos Espíritos)

134. Por que alguns animais domésticos são tão agressivos e outros tão dóceis?
R: Como dissemos, recebemos corpos que são os mais adequados ao nosso grau de desenvolvimento espiritual. Se somos dóceis, significa que já atingimos um grau de entendimento e desenvolvimento espiritual relativamente

elevado. Então recebemos corpos concordantes com nossas energias e vontades. Se formos seres antissociais, recebemos, do mesmo modo, corpos concordantes com as nossas atitudes e vontades. Se somos espíritos relativamente elevados, quando comparados a outros encarnados na mesma espécie, receberemos corpos que determinem menor agressividade por não terem, por exemplo, grande produção hormonal de testosterona ou estrógenos, que estão diretamente ligados a ações agressivas.

Muitas vezes ouvimos pessoas dizendo que determinada pessoa age como um animal, dando a entender que é agressiva, mas, observando os nossos irmãos animais domésticos, muitas vezes nos deparamos com atitudes de docilidade e benevolência dificilmente vistas em pessoas. Isso nos dá a ideia de como os animais não estão tão distantes de nós em termos de comportamento. Temos notícia de uma cadela que vive na África que cuidou e amamentou uma criança, evitando que morresse de fome até que fosse encontrada. Há notícias de um pequeno cão que lutou com outro maior para salvar seu dono do ataque de outro cão agressivo, mesmo arriscando a própria vida. Esse comportamento é indicativo de compaixão maior do que a que encontramos entre os seres humanos. Esses mais agressivos estão aprendendo a não mais serem, enquanto os dóceis já aprenderam e estão tentando consolidar o aprendizado.

> *"A alma dos animais conserva sua individualidade após a morte..."* (Allan Kardec)

135. Os insetos também têm alma? Se tiver, então é errado matá-los?

R: Segundo o Espírito de Verdade, todos os seres orgânicos têm alma. Isso significa que até mesmo uma bactéria ou um protozoário tem alma. Uma planta tem alma, um grilo tem alma, rato também, assim como uma aranha, uma mosca ou uma barata.

No entanto, nosso instinto de sobrevivência ainda nos induz a alguns comportamentos instintivos, como o de nos defendermos de insetos que poderiam transmitir a sensação de ameaça, ligados diretamente à nossa condição evolutiva, ainda primitiva, e a nosso instinto de sobrevivência. Dizer se é certo ou errado é relativo. É como falar de consumo de carne. Para alguns é inconcebível, mas para outros é questão de sobrevivência. Somente vamos poder dizer se é certo ou errado quando nos livrarmos de nossos instintos de sobrevivência. Mas quando esses instintos não forem mais necessários, significa que já atingimos um grau evolutivo mais alto, em que não haverá mais ameaças como as que nossos instintos reagem. Afinal, o nosso aprendizado nesse mundo físico, justamente, é o de tentar controlar esses instintos puramente físicos. Eles têm origem em nosso corpo físico e não em nosso espírito.

> *"...Os animais mais inteligentes, o cão, o elefante, o cavalo..."* (Allan Kardec)

136. Detesto moscas, mosquitos. Ando dentro de casa praticamente com um *spray* de inseticida na mão para matá-los. Tenho "paúra" de taturana, lagartas, mandarovás. Nas próximas reencarnações pagarei por isso?
R: Como dissemos, ainda somos seres primitivos e apesar de estarmos caminhando rumo a um patamar mais elevado, muito de nosso comportamento ainda é instintivo. Não segui-lo, em alguns casos, seria violentar nossa própria Natureza. Perder as reações instintivas ou dominar as reações do corpo sobre o espírito é o objetivo de nossa estada aqui na Terra e é preciso tentar resistir às suas tendências para aprender a controlá-lo. Em nosso estágio evolutivo, não reagir aos instintos indica desequilíbrio, portanto ter instinto de sobrevivência em atividade é algo perfeitamente aceitável. Mas como diz o Espírito de Verdade, não está em nenhum lugar escrito que podemos abusar dos animais, até mesmo dos insetos. Alguns não matam simplesmente para se livrarem do medo que a presença desses animais representa para eles, mas fazem de modo a torturar e mutilar insetos. Isso é condenável e representará um empecilho à nossa evolução. Com certeza, se formos desses, teremos de apagar de nossas fichas perispirituais e ressarci-los com trabalhos em favor dos animais (talvez) por essa falha.

> *"O homem é um Deus para eles (animais) como outrora os espíritos foram deuses para os homens."*
> (Espírito de Verdade)

137. Alma quer dizer princípio inteligente como Espírito individualizado?

R: Alma é o princípio inteligente associado a outro, o vital. Alma, portanto, é o princípio inteligente associado a um corpo. Então é o espírito encarnado em um ser orgânico. Quando dizemos que o princípio inteligente está se individualizando, estamos nos referindo ao fato de que esse ser está criando uma consciência e uma inteligência maior, que o diferencia de outros do mesmo nível evolutivo, fazendo-o destacar-se daqueles por possuir características diferenciadas, intelectuais e talvez até morais. Quando um animal se comporta de modo diferente e por vontade própria, ele está demonstrando que não segue um comportamento padronizado e sim um comportamento próprio e individual, referente a ele mesmo somente. Ele está se individualizando nesse sentido, pois o princípio inteligente já é criado como indivíduo desde o início.

> *"É nesses seres que estais longe de conhecer totalmente que o princípio inteligente se elabora."*
> (O Livro dos Espíritos)

138. Não seria um equívoco afirmar que os animais têm alma, já que ela é um espírito encarnado?

R: Alma é o espírito de um ser encarnado, portanto, a associação do princípio inteligente ao princípio vital. Desse modo a sua pergunta já traz a resposta, isto é, sendo a alma um espírito encarnado e sendo o corpo de um animal um instrumento, um abrigo desse espírito em evolução e meio de manifestação, não é um equívoco pensar que os animais têm alma porque são espíritos encarnados, é um acerto. O Espírito de Verdade diz em *O Livro dos Espíritos* que todo ser orgânico possui alma. Ser orgânico é todo aquele em quem o princípio vital não está mais em estado latente e já se manifesta de forma patente. No reino mineral, este último princípio (vital) está aguardando o momento adequado para se manifestar quando o princípio inteligente, ao qual se associa e que estagia neste reino, adentrar ao outro, como ser orgânico. Por isso, Léon Denis dizia que "o princípio inteligente dorme no mineral". Quando entra para o reino vegetal, esse princípio inteligente já adquiriu experiências suficientes para esse novo estágio. Ele, que estagia no vegetal, também evoluirá e se manifestará no reino seguinte, que é o reino animal. Então, alma como princípio inteligente ligado ao princípio vital chegará ao reino animal, que é, obviamente, formado por seres orgânicos. Sendo assim, é claro que eles também têm alma. Prova disso está na literatura, no livro *Evolução Anímica,* de Gabriel Dellane, cientista contemporâneo de Allan Kardec. Em uma das reuniões de que participou, pôde acompanhar a médium que percebeu o espírito de uma aranha saindo de seu corpo depois que foi esmagada e morta por um dos assistentes. Perguntada sobre as características do espírito do aracnídeo, dizia que ele tinha o mesmo formato do seu corpo físico antes que fosse esmagado. Então concluímos que os animais têm alma e que toda alma se refere a um espírito encarnado, seja de homem, animal ou vegetal (e não somente humano).

> *"A inteligência dos animais e do homem emana, pois, de um único princípio."* (Allan Kardec)

139. Não seria melhor e mais adequado falar em princípio espiritual quando falamos de animais?
R: Espírito, princípio espiritual, princípio inteligente ou mônada são sinônimos do mesmo conceito. Não é correto conceituá-lo diferentemente somente pelo fato de estar sendo abrigado por um corpo animal, vegetal ou mineral. Não é porque um mineral está com o princípio vital ainda em potencial que não possa ser considerado um princípio inteligente. Em *O Livro dos Espíritos* encontramos citações referentes aos animais escritas com "E" maiúsculo, indicando que são seres de algum grau evolutivo diferenciado. São apenas espíritos em diferentes graus de evolução. Não podemos confundir a palavra "Princípio" que significa início de algo com "Princípio" que indica algo como uma "Essência" ou um fator primordial. Princípio espiritual refere-se ao princípio inteligente, e são sinônimos. Não importa se nos referimos a animal, planta ou homem. Essência espiritual ou princípio espiritual com "E" maiúsculo indica um espírito amadurecido e individualizado,

mas antes disso já eram espíritos (é somente questão de interpretação de palavras).

> *"A alma do homem parece ter sido o princípio inteligente dos seres inferiores da criação."*
> (Allan Kardec)

140. Não é só o Espírito que tem a inteligência e o discernimento do bem e do mal?
R: Talvez a pergunta esteja referindo-se ao espírito do ser humano. Entretanto, o espírito, desde que foi criado como princípio inteligente, começou a enriquecer-se com as experiências que adquiriu ao longo de suas existências físicas. Depois de passar por várias fases evolutivas (nos mais diversos reinos da Natureza, neste ou em outros mundos) o espírito elabora-se e torna-se totalmente individualizado (individualização no sentido de diferenciação de seu estado de inteligência). É aí que adquire maior potencial de usar seu livre-arbítrio, podendo aplicar o que aprendeu sobre o que vem a ser o bem ou o mal. Portanto, o conhecimento do bem e do mal já existe antes da fase de Humanidade na qual é aplicado em maior escala. Os conceitos de certo ou errado e de bem ou mal são relativos e modificam-se ao longo da história, portanto o que era bem em épocas passadas hoje pode não ser e, ao contrário, o que era mal hoje pode não ser também. Esses conceitos variam de acordo com as sociedades e com as épocas.

Um animal (animal superior como macacos, golfinhos, elefantes e outros) é capaz de aprender o que é o certo e o que é o errado se lhe for ensinado, assim como fazemos com nossas crianças, porque alguns são capazes de assimilar conceitos humanos e usá-los. Outros não precisam aprender conosco para aplicar o que poderíamos chamar de atitude compassiva. Cairbar Schutel cita o livro *A Vida das Abelhas,* do cientista alemão Maetherlinck, em que narra o caso de uma abelha que estava se afogando e foi ajudada por duas outras que passavam por perto e salvaram sua vida. Esse auxílio não ocorreu de forma instintiva, automática, mas, sim, por mecanismos que envolveram a vontade de auxiliar outro membro de sua comunidade. Portanto, dizer que somente o ser humano tem a capacidade de ser compassivo é um equívoco, pois o Espírito de Verdade diz que os animais não são simples máquinas como supomos e possuem livre-arbítrio também.

> *"Crer que Deus tenha criado seres inteligentes sem futuro seria blasfemar contra Sua Bondade, que se estende sobre todas as Suas criaturas."*
> (Espírito de Verdade)

141. *Todos os Animais Merecem o Céu*: **Por que o título do livro no seu modo de esclarecer?**

R: Jesus dizia para nos fazermos como as crianças porque só assim atingiremos o reino do céu. Reino do céu é um sentido figurado para evolução em alto grau. Fazer-nos como crianças significa nos tornarmos livres de maldades e preconceitos; de nos tornarmos puros de sentimentos. Os animais não são mais evoluídos que nós, mas, por não terem as vicissitudes comuns aos humanos, são, de certo modo, puros de sentimentos; não foram ainda contaminados e não possuem preconceitos, comuns aos humanos. Portanto, dentro desses conceitos, são como crianças: ingênuos e não carregam as maldades calculadas como a maioria dos humanos. Por tudo isso, cremos que os animais merecem os mesmos cuidados e atenções (e Ele com certeza os dá) que o Criador dispensa aos seres humanos que já foram mais puros, mas agora já não são mais tão puros de sentimentos, pensamentos e ações. Os animais tiveram a mesma origem que nós, são como nós em vários sentidos e buscam os mesmos objetivos, ainda que não o façam conscientemente. Portanto, se nós, que somos falhos, sentimos a necessidade de serem amparados pela espiritualidade, então, com certeza, Deus, que é a Justiça Absoluta, não os desampararia no Mundo espiritual, ou figuradamente, no céu.

O SOFRIMENTO ANIMAL

> *"O sofrimento, nos animais, é um trabalho de evolução para o princípio de vida que existe neles; adquirem por esse modo os primeiros rudimentos de consciência."* (Léon Denis)

142. Uma das cenas mais cruéis que observamos contra os animais são aquelas em que matam os touros aos poucos e sob os aplausos da multidão. Isso demonstra que os países envolvidos nessas práticas são menos evoluídos?

R: Nós somos seres em estágio evolutivo atrasado e ainda nos divertimos com espetáculos de sangue. É a herança do animal predador de antigamente que ainda vive em nós. Estamos em graus diferentes de entendimento e por isso há os que ainda se comprazem em assistir a esses espetáculos abomináveis e há os que não suportam ver algum animal sofrendo. No entanto, é temerário dizer que esse ou aquele país é mais atrasado ou mais adiantado espiritualmente. Não podemos dizer que uma nação toda é mais adiantada ou mais atrasada em função da análise de um único aspecto de sua cultura. Cada país é constituído por pessoas ou indivíduos e cada individualidade é acompanhada de sua personalidade. Creio que não são todas as pessoas que se divertem vendo o sofrimento de animais na arena, mas os que veem nisso uma forma de divertimento não são diferentes daquelas que viveram há séculos ou milênios na Roma antiga e se divertiam ao assistir gladiadores morrendo em lutas sangrentas. Isso demonstra uma defasagem evolutiva que necessita de maior elaboração individual.

> *"O sofrimento é, de modo geral, como agente de desenvolvimento, condição do progresso."*
> (Léon Denis)

143. Você escreveu em seu livro que os animais se desligam facilmente de seus corpos físicos quando são atingidos por algum sofrimento que possa levar à morte, sem dor. Essa informação não seria um estímulo aos que não gostam dos animais, já que, acreditando que não sintam dor, poderão maltratá-los ainda mais?

R: Creio que haja algum mal-entendido sobre esse assunto, pois não é esse o intuito da informação: esse mecanismo de desligamento automático também pode acontecer conosco, os humanos. Há poucos dias assisti a um documentário que falava sobre sobreviventes de acidentes graves. Eles, os sobreviventes, contaram que passaram por situações semelhantes, isto é, ao se verem diante da possibilidade de morte iminente, desligaram-se do corpo físico, assim que aceitaram a impossibilidade de sobreviver, e viram-no a distância, como se já não fizessem mais parte da realidade do mundo físico, sofrendo menos quando chegasse o momento derradeiro. Parece-me que esse mecanismo é comum aos animais de modo geral. Não podemos esquecer que somos animais também. Se alguém usar esse argumento para maltratar animais, significa que o faria do mesmo modo se não soubesse desse mecanismo de defesa do corpo e do espírito. É importante salientar que esse mecanismo somente é ativado em situações em que há a possibilidade de morte rápida. Quando o sofrimento é constante e lento, esse mecanismo não é ativado e a dor é perceptível e persistente até o momento da morte. Nesse caso o animal morrerá sofrendo.

> *"Todos os seres têm de passar por ele (sofrimento). Sua ação é benfazeja... mas somente podem compreendê-la aqueles que sentiram seus poderosos efeitos."* (Léon Denis)

144. Ouvi dizer que os animais não sofrem e que são retirados de seus corpos antes de sofrerem. Isso é verdade?

R: Os animais, assim como nós, possuem sistema nervoso que serve para fornecer informações sobre o meio ambiente em que está. O sistema nervoso é para nós e para os animais, entre outras finalidades, um instrumento de sobrevivência. A dor, que é uma interpretação desse sistema corporal, serve para indicar a presença de perigo ou risco à sua sobrevivência. Quando sentimos, por exemplo, uma dor aguda na pele, isso indica que há, talvez, algo encravado nela. Esse aviso de dor serve para tratarmos de retirar o que estiver incomodando e causando algo que o corpo entende como desequilíbrio. Ao pegarmos um objeto quente demais, o largamos, antes mesmo que nosso cérebro, que percebe ações conscientes, possa saber a temperatura perigosa. É uma ação instintiva de defesa do corpo contra injúrias causadas pelo ambiente. Por serem mais primitivos do que nós, os animais apresentam maior sensibilidade, ou mais instintos, quanto à presença do perigo. Portanto, sentem dor. No entanto, quando o corpo é acometido por algo que o atinja de modo rápido, fulminante e que permita que ultrapasse o limiar da dor perceptível ao cérebro, o mecanismo de separação entre o corpo espiritual e o físico é ativado automaticamente e o corpo sutil acaba sendo lançado, como se fosse por uma catapulta a distância do corpo físico para amenizar o sofrimento e evitar dores desnecessárias.

Assim como ocorre conosco, os animais possuem outros mecanismos que visam amenizar as dores físicas. Quando nos assustamos, uma grande quantidade de adrenalina, que é um hormônio ligado aos atos instintivos, é lançada na corrente sanguínea provocando uma diminuição do calibre dos vasos periféricos (da pele), fazendo diminuir o sangramento e a dor na área afetada. Por isso as pessoas dizem que no momento do acidente não sentiram nada e somente perceberam a extensão das lesões depois que "o corpo esfriou", ou seja, depois que a adrenalina saiu da circulação.

> *"A dor e o sofrimento são duas extremidades das sensações. Para suprimir uma e outra seria necessário suprimir a sensibilidade."*
> (Léon Denis)

145. Quando vejo um animal na rua abandonado penso: "Que São Francisco de Assis tenha piedade de você". Será que isso ajuda?
R: Deus e espíritos elevados como na figura de São Francisco têm piedade de todos os seres independentemente de nós pedirmos que façam isso. Desejar que os espíritos prestem auxílio aos animais necessitados ajuda, mas o maior auxílio, já que o sofrimento é físico, vem de nós que poderíamos prestar um socorro a esses que nos surgem à frente. Se encontrarmos animais e pessoas

sofrendo pelo caminho, não é por acaso, pois o acaso não existe, é porque há uma necessidade de que ajamos em favor deles. Não podemos pedir que os espíritos façam a nossa parte, porque cabe a eles cuidar da questão espiritual e a nossa parte é prover-lhes as necessidades físicas, alimentando ou medicando da melhor maneira possível. Se não há condições para isso, ao menos lhes dê o seu carinho.

Alguém pode dizer que não poderia sozinho melhorar o mundo e que sua ajuda insignificante em nada ajudará. É um engano pensar assim. Lembre-se daquela história de um senhor que andava pela praia atirando de volta ao mar algumas estrelas do mar, pois o sol já nascia e aquecia a areia. Uma pessoa que passava e o viu disse: "Não percebe que são milhares delas pela praia? Não fará diferença devolver somente algumas ao mar". O senhor respondeu sem parar de atirar os animais de volta ao mar: "Para esse faz diferença, e para este também, e para este outro também, e para este outro também...". Em seguida estavam os dois atirando os pequenos seres de volta ao mar.

> *"Ambos são necessários à educação do ser, que em sua evolução devem experimentar todas as formas ilimitadas, tanto do prazer quanto da dor."*
> (Léon Denis)

146. Eu queria saber por que sofrem tanto os animais?
R: "O corpo é o instrumento da dor e, se não é a sua

causa primeira, pelo menos é a causa imediata. A alma tem a percepção desta dor: essa percepção é o efeito"(*O Livro dos Espíritos*).

Os animais são espíritos encarnados e estão sujeitos a muitas provas, mesmo que não tenham consciência disso ou nem saibam o porquê de tanto sofrimento, que somente é percebido pelo corpo por ação do sistema nervoso, portanto a dor, apesar de não parecer, é ilusória, porque, caso os meios de sensações do corpo sejam desativados, ela deixa de existir. Se cirurgicamente retirarmos do cérebro o centro da fome, ela deixa de existir; se retirarmos parte do hipocampo, deixaremos de sentir medo; se aplicarmos anestésicos não há mais dor; se rompermos os nervos que são sensíveis aos estímulos da dor ela deixa de existir também. Como percebemos, dor e sofrimento são interpretações dadas pelo corpo. O espírito não sente dor.

Em *O Livro dos Espíritos* encontramos: "Os sofrimentos do corpo não lhe deixam (ao espírito) nenhuma recordação penosa, nenhuma impressão desagradável lhe restará, pois elas não afetaram senão o corpo e não o espírito".

Se existem órgãos sensoriais no corpo é para que percebamos as sensações do mundo físico. Se há órgãos sensoriais para dor é porque a dor tem alguma importância para o espírito também e a importância reside no aprendizado de como evitá-la e de fazer evitar a dor aos outros. Exercitaremos a partir do conhecimento da existência da dor e do sofrimento a solidariedade e a compaixão. O resultado do aprendizado pode não ser imediato, mas surtirá o seu efeito cedo ou tarde. No entanto, a dor que importa para a evolução é aquela que vem da Natureza, "porque vem de Deus" (*O Livro dos Espíritos*), por isso "é necessário distinguir o que é obra de Deus e o que é obra do homem". A dor imposta por um ser humano sobre um animal será cobrada e deverá ser ressarcida o quanto antes por aquele que se tornou um devedor em relação àquele a quem fez sofrer.

> *"Supri a dor e suprimireis, ao mesmo tempo, o que é mais digno de admiração nesse mundo, isto é, a coragem de suportá-la."* (Léon Denis)

147. Não consigo entender o porquê do sofrimento dos animais se eles não têm a consciência de seus atos, como nós, os humanos.
R: Em *O Livro dos Espíritos* encontramos: "Como pode um espírito que em sua origem é simples e ignorante e sem existência, sem conhecimento de causa ser responsável por essa escolha? – Deus supre a inexperiência traçando-lhe o caminho que deve seguir, como o fazes para uma criança desde o berço. Ele o deixa, pouco a pouco, senhor para escolher, à medida que seu livre-arbítrio se desenvolve". O sofrimento faz parte dos meios de fazer evoluir o espírito primitivo, que com isso desenvolverá sua consciência. À medida que os espíritos, na condição animal, por exemplo, expandem sua consciência pela dor, expandem também sua condição de desenvolver sentimentos relacionados ao

amor ao próximo, tornando-os aptos a entrar em outra faixa evolutiva: a Humanidade. Na verdade, as condições que determinam o sofrimento diminuem à medida que desenvolvemos a consciência e não ao contrário. Na condição humana ainda persiste o sofrimento porque não atingimos o nível ideal de consciência e, quando atingirmos esse nível, a dor desaparecerá de nosso meio e somente existirá o que for relativo à ausência da dor e do sofrimento. Sofremos e também os animais porque ainda estamos nos exercitando para desenvolver essa consciência e, posteriormente, a teremos desenvolvido e deixaremos de sofrer.

> *"É necessário que venha o escândalo, mas ai daquele por quem vier o escândalo."* (Jesus)

148. Nos rodeios, os animais sofrem muito para nossa diversão. Como isso é visto pela espiritualidade?
R: Os seres humanos são o pináculo da evolução, em nosso planeta, mas ainda não são o maior exemplo de benevolência e compaixão. Apesar de toda a nossa caminhada evolutiva até chegarmos aqui, não foi suficiente para nos sensibilizar quanto ao sofrimento que impomos aos animais, muitas vezes para nossa diversão. Nós somos um dos poucos animais que matam e ferem outros para divertir-se e não para saciar a fome do corpo. Nós nos divertimos assistindo a outros seres em sofrimento como se, de algum modo, ver a dor e o sofrimento alheio e de animais,

que não podem se defender, nos fizesse algum bem. Esse comportamento não tem nada a ver com instintos, pois isso não é um comportamento comum no mundo animal, é bastante típico dos humanos. Então nos vêm à mente as perguntas: Seremos nós, seres racionais, mesmo? Será que em função de nossa racionalidade não deveríamos deixar de nos divertir com o sofrimento dos outros? Será que somos realmente tão evoluídos assim? Seríamos bons exemplos aos animais que aprendem conosco?

A espiritualidade tem muito trabalho na tentativa de amenizar o sofrimento provocado por nós nos animais, portanto não é algo aprovado pela espiritualidade superior. Os seres de baixa vibração querem que isso continue assim porque se nutrem das energias desprendidas durante os momentos de sofrimento desses animais. Se há algum grupo que percebe vantagens nisso, são os seres da escuridão, que influenciam os humanos encarnados para continuarem a maltratar os animais e continuar com a produção dessas energias de medo e dor com as quais se "beneficiam". A cada apresentação desses animais de rodeios para divertir o público, comparecem mais desencarnados da escuridão do que encarnados, que absorvem energias das pessoas presentes e dos animais que sofrem. Apresentações como essas são verdadeiros espetáculos de horrores; deveríamos prestar mais atenção e abandonar essas práticas perniciosas não somente aos animais, mas também aos espectadores.

QUAL A SUA DÚVIDA PARA O TEMA: A ESPIRITUALIDADE DOS ANIMAIS

> *"Sua ação sobre o corpo orgânico repercute na forma fluídica; contribui para enriquecê-la, dilatá-la, torná-la mais impressionável, numa palavra, apta para novos aperfeiçoamentos."*
> (Léon Denis)

149. Hoje em dia existem programas de televisão que promovem os rodeios. Eu acredito que há uma tendência de maior consciência em relação aos animais. Esses programas não estariam numa tendência contrária à que a Humanidade está entrando agora?

R: Quando viemos para esse planeta como espíritos renegados de Capela e passamos a ser habitantes terrestres, trouxemos conosco alguma consciência da irmandade com os animais. Por isso os egípcios os respeitavam tanto e os protegiam da ação do homem sobre eles. Com o passar do tempo essa consciência foi se diluindo entre os habitantes mais antigos do orbe que também eram muito primitivos, e essa visão mais amiga sobre os animais foi se perdendo. Com o decorrer do tempo aquela consciência se perdeu de vez e passamos a tratá-los como seres que não passariam de objetos para nosso proveito. Deixaram lentamente de ser adorados da Antiguidade para se tornarem ignorados e maltratados na atualidade. Por julgarem serem esses animais insensíveis e que somente existem para nos servir, não se sentem incomodados em fazer deles o que quiserem e ainda transformam essa diversão em um meio de arrecadar mais e mais dinheiro que enriquece pessoas que os exploram.

Vivemos uma época de transição em que nosso mundo está tentando entrar em outra categoria, a de mundo de regeneração, em que o ódio deverá ser aos poucos eliminado. Faz parte dessa transição estarmos expostos a todo tipo de situações de escolha que nos farão direcionar nosso futuro entre os seres que usufruirão desse mundo mais evoluído ou daquele outro menos evoluído que se encontra naquela condição que estávamos quando os capelinos aqui chegaram. As cartas estão, todas, sobre a mesa e cada qual faz sua escolha entre agir em função do que considera o bem ou do que considera o mal. A grande maioria está querendo optar pelo que nos parece ser o melhor, mas há os que preferem o que nos parece ser o mal e esses é que estão indo pela contramão da História. Eles encontrarão mais adiante a deportação a outros mundos inferiores, como ocorreu em Capela.

> *"Se, desde as primeiras estadas na Terra, a alma vivesse livre de males, ficaria inerte, passiva, ignorante das coisas profundas e das forças morais que nela jazem."* (Léon Denis)

150. Existem empresas que dizem não usar animais em experiências de seus produtos. Como saber se falam a verdade?
R: Existem Organizações Não Governamentais que se preocupam, assim como nós, com isso. Entrando em

contato com alguma dessas ONGs podemos saber quais são as empresas que usam e as que não usam os animais em seus testes químicos. Como não podemos ir a cada empresa para verificar se o que dizem é verdadeiro ou não, em relação ao uso de animais, seria prático usarmos as listas fornecidas por essas entidades amigas dos animais. Existem várias páginas na internet com indicação das empresas insensíveis, que não se preocupam nem um pouco com os animais e por isso não pensam em parar de usá-los tão logo. Há aquelas que tendem a deixar o uso de animais em testes ou estão restringindo parte do uso deles (buscando métodos alternativos) e há aquelas que aboliram totalmente o uso desses em suas fábricas. Nessas listas há empresas que supostamente são ecológicas, a supor pelas propagandas televisivas que fazem, mas usam animais nos testes. Acho interessante conhecer essas empresas e deixar de usar seus produtos. Quando notarem que o consumo caiu e quiserem saber o motivo, com certeza abandonarão os testes em animais.

> *"A dor é uma bênção que Deus envia aos Seus eleitos."* (O Evangelho Segundo o Espiritismo)

151. Onde trabalho eu vi, em uma noite fria, algumas pessoas desfilando com luxuosas vestimentas. No entanto, para terem esse luxo, houve muito sofrimento para diversos animais. Talvez elas não saibam que para

aquecerem seus ombros e suas costas, muitos irmãos perderam suas vidas após sofrimento e dor. Já foi dito que, para os animais, nós somos deuses, mas estamos nos colocando como seus algozes. O que você me diz?

R: *O Livro dos Espíritos* esclarece que não foi dada a liberdade ao ser humano de abusar dos animais. Em *O Livro dos Médiuns* está escrito que Deus pôs seres inteligentes ao lado do homem para servir-nos, como auxiliares fiéis, mas em nenhum momento foi dito que dentro dessa submissão poderíamos transformá-los em matéria-prima da indústria. Hoje em dia existem diversas tecnologias de produção de tecidos sintéticos que substituem a pele dos animais (usados antigamente quando ainda éramos extremamente primitivos). Nada justifica abusarmos dos animais que não existem somente para nos servir, mas porque o princípio espiritual que habita seus corpos precisa evoluir por meio das experiências no mundo físico, ao nosso lado.

Quando abusamos da liberdade e superioridade que temos sobre eles, adquirimos dívidas que até serem quitadas poderão nos atrasar na escalada evolutiva. As pessoas que compram animais selvagens nas beiras de estrada, que compram vestimentas feitas de peles de animais, que caçam e matam animais, que os maltratam, e que de algum modo provocam sofrimentos neles, adquirem um compromisso de ressarci-los antes de poder passar a outra fase evolutiva.

Quanto a sermos deuses para eles, o Espírito de Verdade explica que isso é uma figura de linguagem, pois os antigos chamavam deuses aos que hoje chamamos de espíritos. Se fôssemos deuses, que espécie de deus seríamos? Talvez do mal. Imagine se os espíritos superiores agissem conosco como agimos com os animais. Não seria uma experiência agradável. Na minha opinião, se fôssemos realmente deuses, a maioria de nós seria como Moloc (um deus do mal). Seria louvável, para nossa evolução, agirmos como os espíritos benevolentes que nos assistem e se comprazem com nosso bem-estar, com a possibilidade de nos auxiliar e não abusar de nós.

> *"Tudo o que vive neste mundo, na Natureza, animal, homem, sofre."* (Léon Denis)

152. Outro dia sonhei que estava perdida em um local juntamente com um leão e eu não tinha medo dele. Conversávamos e após alguns dias ficamos fracos por falta de alimento. Tínhamos certeza de que seríamos resgatados em breve, mas se não comêssemos morreríamos. Eu propus que ele deveria se alimentar de meu corpo para sobreviver, mas ele se recusou terminantemente. Abraçou-me e disse que jamais faria isso e que se fosse justo morreriam juntos. Nesse momento acordei chorando e a partir daí meu amor pelos animais tornou-se imenso, principalmente por animais selvagens. O que dizer disso?

R: Um sonho como esse pode ser avaliado de várias formas. Pode ser que, ao acordarmos de um sono, nos lembremos vagamente do que sonhamos, ou do que observamos enquanto estávamos desdobrados, e nosso cérebro (que tem arquivos de cenas do mundo físico) dá uma interpretação fantasiosa ao que vimos nesse desdobramento. Talvez fosse alguém (uma pessoa) com aparência de animal que nosso cérebro interpretou, ao acordarmos, como um animal (um leão nesse caso). Talvez tenha sido cena de arquivos de vidas passadas, em que nosso cérebro associou a imagens do mundo físico também (ao acordarmos). Talvez tenha sido uma experiência com um animal selvagem em vida passada, na qual ele tinha uma ligação mental grande que permitia comunicação desse nível. Podem existir outras explicações possíveis, mas não me ocorrem, no entanto, o que mais importou nesse sonho foi seu resultado positivo em relação a sua visão dos animais como seres que merecem nosso respeito.

> *"O animal está sujeito à luta ardente pela vida...*
> *em toda parte se desenrolam dramas ignorados...*
> *a hecatombe dos pobres animais inofensivos,*
> *sacrificados às nossas necessidades ou entregues*
> *nos laboratórios ao suplício da vivissecção."*
> (Léon Denis)

153. Eu gostaria de algumas explicações sobre o sofrimento dos animais, uma vez que é difícil de entender, mesmo sendo Espírita.
R: Emmanuel, o Espírito que acompanhou o saudoso

Chico Xavier, dizia que o sofrimento é subproduto ou parte do processo evolutivo. Como dissemos, os animais são seres eternos. São espíritos em evolução e necessitam passar pelas mais diversas situações, por mais dolorosas que sejam. Pelo sofrimento, os espíritos que estagiam na fase animal aprendem o que seja isso. Se eles não tivessem ou se nós não tivéssemos contato com a dor, nunca saberíamos o que seria isso. Se não soubéssemos o que é a dor, como saber o que é a falta dela ou o amor? É necessário que haja esse contraste para que reconheçamos um e outro e saibamos diferenciá-los para aplicar em favor de nossa própria evolução. Todas as situações penosas são aprendizado para o nosso espírito que tem evolução dinâmica. O sofrimento é relativo somente ao corpo físico e não ao espírito, e é uma interpretação dada pelo nosso sistema neurológico. Quando recebemos anestesia, antes de passarmos por uma intervenção cirúrgica, deixamos de sentir dor e, portanto, não sofremos.

Mas isso acontece porque já atingimos um grau de aprendizado em que não é necessário sentir tanta dor quanto antigamente, quando a dor para nós era uma forma de nos despertar a compaixão, senão não saberíamos, por exemplo, o que é ser compassivo com aquele que sofre porque simplesmente não saberíamos o que é o sofrimento e a dor. Como ajudar a aliviar a dor de alguém que sofre se nunca experimentamos aquilo que o outro está sentindo. É provável que não ajudássemos ninguém. Seríamos deficientes espirituais. Tanto para nós quanto para os animais, isso é um aprendizado importante nesse mundo de dor.

> *"É na dor que se sobressaem os cânticos da alma. Quando ela atinge as profundezas do ser, faz de lá saírem os gritos eloquentes, os poderosos apelos que comovem e arrastam multidões."* (Léon Denis)

154. Recebi um *e-mail* da União Protetora dos Animais (UIPA) que recolheu cachorros que estavam como loucos e em consequência dos maus-tratos recebidos não respondiam mais a nenhum estímulo de carinho, não queriam se alimentar e seu olhar era completamente sem vida. Fica difícil acreditar que há algum espírito cuidando deles. A gente quase desacredita na Bondade de Deus. Por que tanto sofrimento dessas criaturinhas, a ponto de desistirem de viver?

R: Deus não faz nada sem uma finalidade útil. Quando deixou que alguns animais passassem por essas situações é para que crescessem espiritualmente com o aprendizado. Nós já passamos por situações semelhantes para chegarmos aonde chegamos como seres humanos e, aliás, somente chegamos ao ponto em que estamos graças ao que passamos nessas fases anteriores como animais. Deus não deixaria que os animais sofressem apenas por sofrer, pois não haveria utilidade nisso. Se não houvesse mais a dor nesse mundo, significaria que este mundo passou para outra fase evolutiva. Existem espíritos que acompanham os animais e cuidam para que não sofram mais do que podem, e quando o sofrimento atinge um determinado ponto eles são retirados do corpo por mecanismos automáticos e/ou desencarnam para, em seguida, serem reencarnados e continuarem sua evolução ou se afastam (em espírito) enquanto a dor for demasiada. Esse mecanismo de proteção também acontece com os seres humanos quando se veem em situações perigosas e de sofrimento elevado. Em geral são intercaladas vidas de maior e menor sofrimento. Nunca passam por sofrimentos prolongados por várias vidas encarnadas seguidas. Esses animais que são recolhidos por ONGs são seres sofridos e por isso desconfiam das pessoas que tentam fazer contato com eles. Se essas pessoas demonstrarem carinho e confiança, eles aprenderão que nem todos os seres humanos são cruéis e isso será um aprendizado também.

> *"Suprimi a dor e suprimireis, ao mesmo tempo, o que é mais digno de admiração neste mundo, que é a coragem de suportá-la."* (Léon Denis)

155. Expiação e provas, para os humanos, estão diretamente relacionadas ao câncer? Animal tem câncer?
R: Os animais, assim como nós, possuem células predispostas a se desenvolverem de modo desordenado

por serem anômalas. Já nascemos com células desse tipo, mas são controladas por glóbulos brancos que impedem seu crescimento desordenado até que, por algum motivo, os glóbulos brancos encarregados dessa tarefa deixam de proteger o corpo contra esses seres (células cancerosas) anômalos que se desenvolvem como câncer. Os animais podem estar sujeitos ou predispostos a desenvolverem tais células cancerosas e permitir que surjam tumores malignos. Isso pode ocorrer de vários modos: por ação tóxica de algum produto agressor e imunossupressor ou por ordem subjetiva de nossa mente (ou dos animais) para que as células de defesa não ajam mais. Isso acontece não por expiação, pois que não há para eles isso, como meio de quitar débitos contraídos (os animais nada devem), mas por aprendizado (eles têm bastante a aprender). Não raras vezes os animais ficam sujeitos à ação de fatores depressivos (animais domésticos principalmente) determinantes para o desenvolvimento de cânceres. No entanto, a dor e o sofrimento para eles servirão como experiências que lhes serão úteis futuramente no decorrer de sua evolução. Não há expiação ou carma para os animais, eles não sofrem para resgatar alguma dívida relacionada a esta lei de causa e efeito, mas simplesmente para aprender o que é o sofrimento em seus mais variados ângulos.

> *"A história do mundo não é outra coisa senão a sagração do espírito pela dor."* (Léon Denis)

156. Fale sobre o uso de animais como cobaias.

R: Os animais, não importando a espécie, são seres que compartilham conosco as experiências da reencarnação. Eles estão aqui para aprender com as mais diversas situações que o mundo físico lhes oferece e evoluírem. Eles não existem para nos servir e para serem objetos de experimentos de nossas formas primitivas de obter a cura ou para outros fins laboratoriais. O Espírito de Verdade diz em *O Livro dos Espíritos* que, em nenhum momento, Deus lhe deu a liberdade de abusar dos animais. Pelo fato de não entendermos o que sentem os animais, os consideramos desprovidos de inteligência. Por não entendê-los, os vemos como estúpidos e por isso poderiam ser usados como objetos de nossas experiências laboratoriais, por exemplo. O Espírito de Verdade refere-se aos animais como seres que estamos longe de conhecer na sua totalidade. Isso foi dito há quase duzentos anos e agora já estamos mais próximos de entendê-los e saber de muitos detalhes importantes que não conhecíamos e, na verdade, não fazíamos questão de conhecer, séculos atrás, quando os animais não eram considerados mais que objetos. Se, naquela época, alguém dissesse que eles tinham alma seria imediatamente ridicularizado. Hoje não se justifica o uso de animais em experiências de laboratório porque já sabemos que são seres inteligentes e sentem tanto quanto nós. Essa prática primitiva de uso de cobaias deveria ser abandonada rapidamente, pois é um fator de atraso de nossa evolução. O organismo deles é diferente do nosso em vários aspectos e por isso reage de maneiras diferentes às substâncias químicas que seriam usadas em humanos. A talidomida foi testada em animais e mostrou-se segura, no entanto, ao ser usada em humanos provocou graves deformidades em bebês.

O uso de práticas alternativas, como a acupuntura, homeopatia (em substituição a vários medicamentos alopáticos) e hipnose (em substituição a, por exemplo, anestesia) dispensam o uso de substâncias químicas nas terapias. Ainda existem métodos de se testar medicamentos por intermédio de simuladores.

> *"É necessário sofrer para adquirir e conquistar."*
> (Léon Denis)

157. Gostaria de saber se uma pessoa que maltrata um animal pode voltar em outra vida como animal?
R: Como dissemos, os animais, assim como nós, seguem uma linha evolutiva crescente e nunca decrescente. Se já passamos por uma fase evolutiva não faz sentido retroceder e passar pelas mesmas experiências novamente. Então, um espírito que estagiou como animal, futuramente estagiará como humano, mas, uma vez estando como humano, não voltará a estagiar como animal. Seria como se um médico formado tivesse que retornar ao pré-primário. Isso não tem aplicação prática e não é interessante do ponto de vista evolutivo.

O erro deve ser corrigido ao nível em que se encontra o médico e não mais abaixo. Se uma pessoa prejudicou algum animal propositadamente, ela deverá restituir o prejuízo de alguma forma (por estar sendo cobrado por sua própria consciência), mas retornar com a forma animal como meio de castigo, isso não existe. Deus não pune. Ele dá meio às pessoas de se arrependerem do que fizeram, pelo trabalho regenerador e não castigando. A metempsicose não é um conceito aceito pela Doutrina Espírita. Um ser mais evoluído não pode reencarnar como outro menos evoluído. A hipótese de retorno de um ser superior em um corpo destinado a um espírito inferior existe em outras culturas orientais, mas de acordo com as orientações deixadas pelo Espírito de Verdade, a metempsicose não é uma hipótese válida.

> *"São necessários os infortúnios e as angústias para dar à alma seu aveludado, sua beleza, para despertar seus sentimentos adormecidos."*
> (Léon Denis)

158. Gostaria de saber sobre alguns profissionais que, podendo indicar o medicamento certo para a cura do animal, ficam prolongando seu sofrimento para poderem ganhar mais dinheiro?
R: Assim como há animais em diversos graus evolutivos, há pessoas em diferentes graus de consciência. Há veterinários conscientes de sua tarefa de tratar os animais da melhor maneira possível e há aqueles que visam ao

retorno financeiro antes da saúde do animal. Como dissemos, há pessoas de todos os tipos e veterinários são pessoas que, se estiverem de algum modo usufruindo da função para enganar pessoas e prejudicar a saúde de um animal em proveito próprio, que respondendo à sua consciência quando voltar para o Mundo espiritual e encontrar-se com a verdade. Isso é válido para profissionais de todas as áreas e não somente a veterinária, mas para qualquer pessoa que se equivoque nesse sentido, independentemente de sua profissão (engenheiros, farmacêuticos, advogados etc.).

> *"A vida dolorosa é um alambique onde se destilam os seres para mundos melhores."* (Léon Denis)

159. Qual a consequência para as pessoas que maltratam os animais na espiritualidade?

R: Vivemos nesse mundo ainda primitivo e por isso estamos em um estágio atrasado. Faz parte do nosso aprendizado o convívio pacífico com nossos companheiros de viagem evolutiva. Entre esses companheiros estão os animais. Muitas pessoas, por estarem ainda em aprendizado sobre o convívio com esses companheiros não humanos, os veem como seres inferiores e por isso mesmo creem, equivocadamente, ter direitos sobre eles. Alguns não sabem ou não acreditam que sentem dor e sofrem. Outros sabem disso, mas se divertem infligindo-

-lhes dor. De acordo com a lei de igualdade, os animais são tão importantes para Deus quanto nós. Não podemos nos colocar acima deles, a ponto de tê-los como objetos de nosso desfrute. Certamente, aquele que abusa dos animais, maltratando-os e fazendo-os sofrer, terá de acertar suas contas antes de continuar a evoluir. A justiça da Terra pode não ser eficaz contra os agressores dos animais, mas a divina não falha. Se formos agressores teremos a oportunidade de encontrar situações para nos redimir do mal que lhes fizemos e somente então prosseguiremos com nossa carreira evolutiva. Não por castigo, pois Deus não castiga ninguém, mas por Misericórdia Divina que sempre dá oportunidade ao faltoso de expiar seu erro e aprender com ele.

> *"A doença ensina a paciência, a sabedoria, o governo de si mesmo."* (Léon Denis)

160. Qual a melhor maneira de ajudar os animais de rua que sofrem com as diversas situações desagradáveis?

R: Como dissemos, os animais estão conosco há milênios depois que os tiramos de sua vida selvagem, tornando-os domésticos e restringimos seus comportamentos selvagens, e os tornamos quase humanos, em muitos casos. Alguns recebem cuidados excessivos como se fossem realmente humanos. Outros são tratados como objetos desprezíveis. Essa diferença que dispensamos a eles pode causar sofrimento a esses abandonados à sua própria sorte. Na maioria das vezes, nós somos os causadores desta dor, então, cabe a nós eliminá-la. Podemos fazer isso dando-lhes condições de vida digna.

Se existem animais abandonados, a responsabilidade é de todos como herança de nossos antepassados que os retiraram da vida selvagem e proporcionaram a eles meios de viverem mais do que viveriam se ainda estivessem nas condições anteriores; de onde saíram. Hoje em dia a população de cães e gatos cresce de maneira desenfreada graças ao nosso descontrole. Cabe a nós corrigir esse erro, controlando o crescimento populacional com métodos contraceptivos racionais e conseguindo lares aos que estão abandonados. Os animais sentem frio, fome, sede, querem carinho e atenção. Se cada um fizer um pouco que seja em favor desses que sofrem calados pelas ruas, já estarão fazendo muito. Se cada pessoa der sua contribuição individual, por menor que seja, será bem-vinda e no conjunto fará uma grande diferença.

Controle populacional de animais domésticos

> *"Muita gente considera qualquer espécie de controle da natalidade como um ato contra a Natureza. Mas os pesquisadores de comportamento provam: é a própria Natureza que leva quase todas as espécies, através de instintivas formas de comportamento, a evitar o excesso populacional."*
> (Vitus B. Dröscher – cientista)

161. Fazendo castração dos cães e gatos, será que não acabaremos por extinguir essas espécies?

R: Desde que a civilização criou condições de melhorar a qualidade de vida tornando-a mais prolongada, controlando as doenças e averiguando as condições de higiene e saúde, ocorreu uma maior longevidade e não somente dos seres humanos, mas também dos animais domésticos como, por exemplo, os cães e gatos. A criação de vacinas e antibióticos eficazes contra bactérias anteriormente mortais contribuiu para essa vida mais longa. Com a melhora das condições de vida ocorreu simultaneamente um aumento populacional da espécie humana e dos animais que convivem conosco. No caso daqueles que nos servem de alimento, esse crescimento populacional é incentivado por meio de estudos de aumento de fertilidade e longevidade, pois significa aumento de produção de alimento. Mas, com os animais de companhia, esse aumento populacional resulta em acréscimo real de animais abandonados à própria sorte. O tempo de gestação relativamente curto e a fertilidade deles contribuem para que, para cada criança que nasce, nasçam 24 cães e 24 gatos. Os cães, a cada seis meses, tornam-se férteis novamente e os gatos a cada três meses estão aptos a se reproduzir novamente. A multiplicação desses animais é muito rápida e em pouco tempo haverá tantos cães sem donos e sofrendo todo tipo de dor pelas ruas, que facilmente podemos perder o controle populacional desses nossos companheiros, cujos instintos de reprodução são bastante evidentes. Se pudermos controlar essa população, evitando que se reproduzam tão rapidamente, eles não se extinguirão, mas se manterão dentro de um valor que possam estar bem-amparados.

> *"Os métodos (anticoncepcionais da Natureza) empregados pelos animais vão desde a simples continência para não superar o 'numerus clausus' com que se excluem os excedentes na procriação, até ao uso de drogas, anticoncepcionais e canibalismo."*
> (Vitus B. Dröscher – cientista)

162. Castrar os cães e gatos não é contra a Natureza? Não estaremos indo contra o que Deus pretende de nós?

R: Sendo nossos dependentes, os animais precisam se adequar às condições da civilização. Os animais domésticos não são mais selvagens e por isso não estão mais sujeitos ao seu contexto, isto é, não podemos deixar que se reproduzam à vontade fora do seu meio selvagem onde existem meios de controle populacionais naturais. Se eles se reproduzem sem esse controle natural, em pouco tempo ocorrerá um crescimento populacional exponencial, o que poderá significar superpopulação e perda de condições mínimas de sobrevivência. Se hipoteticamente uma fêmea que dê à luz seis outras fêmeas, e se cada uma delas pudesse dar à luz outras seis fêmeas e se suas filhas e netas também derem à luz seis fêmeas cada uma delas, significa que a partir da primeira fêmea, em três anos ela terá dado origem a mais de seis mil outras fêmeas (aqui não estamos contabilizando os filhotes machos). Se supuséssemos que ao mesmo tempo haja mil fêmeas dando à luz ao mesmo tempo na cidade, então em três anos teremos cerca de seis milhões de fêmeas originando outras gerações que continuarão a se multiplicar nesse crescimento exponencial. No caso de gatos, esses números dobram porque se reproduzem duas vezes mais rápido que os cães, isto é, em três anos teremos doze mil gatas pelas ruas, geradas a partir de uma única fêmea e, se considerarmos também mil fêmeas que deram à luz ao mesmo tempo, teremos em três anos cerca de doze milhões de gatas pelas ruas. Na realidade essa superpopulação drástica não ocorre porque os animais acabam morrendo ou de fome ou de frio, ou atropelados ou de alguma doença, sem que ninguém saiba e em sofrimento. Nós já quebramos as regras da Natureza ao torná-los domésticos, tomando para nós a responsabilidade sobre eles, pela saúde e bem-estar deles, e é imprescindível controlar a população para que não sofram ainda mais por nossa causa, castrando-os. Não estamos propondo nada drástico nem brutal, mas apenas um controle racional.

> *"A autorregulação da densidade de uma população animal oferece não somente proteção contra o perigo de uma superpopulação, mas, ao mesmo tempo, cria os fundamentos de estabilidade."*
> (Vitus B. Dröscher – cientista)

Espírito crítico

> *"Sede benevolentes para com os seres inferiores, como é benevolente, para com todos, o nosso Pai que está nos céus."* (Cairbar Schutel)

163. Você não acha que há casos em que as pessoas se preocupam mais com os animais do que com os seres humanos?

R: Em tudo devemos nos vigiar quanto aos desequilíbrios. O fato de nos preocuparmos com a saúde e com o bem-estar deles é uma consequência de nossa evolução, mas não podemos nos esquecer das outras pessoas, pois somos seres em evolução e necessitamos nos auxiliar mutuamente.

É demonstrativo de evolução espiritual o fato de nos preocuparmos com o bem-estar dos animais, mas é também nos preocuparmos com a nossa espécie com a mesma vontade.

Desprezar os animais não é de bom alvitre, mas abandonar os elementos de nossa própria espécie pelo fato de ter seu coração ocupado somente com os animais não indica evolução ou desenvolvimento espiritual. Tornar-se misantropo não é indicativo de crescimento moral e espiritual.

> *"O orgulho humano criou um abismo intransponível entre o reino animal e hominal."*
> (Cairbar Schutel)

164. É errado ter muitas vezes mais dó de um animal que se encontre em péssimas condições pelas ruas do que de um ser humano?

R: Tomemos cuidado para não entrarmos naquela condição citada no *Evangelho Segundo o Espiritismo* em que o Espírito de Fénelon deixa claro que aquele que ama somente aos animais, mas despreza o ser humano, está em desequilíbrio. Corremos o risco de nos tornar pessoas misantropas, isto é, avessas ao contato com outros seres humanos e em consequência disso o risco de nos isolarmos dentro da sociedade. Assim, podemos também perder a oportunidade da reencarnação que é o convívio e a prática do auxílio mútuo. Cuidado para não exagerar no apego aos animais em detrimento do contato e do amor que deve distribuir também aos humanos. Amar os animais e os humanos é uma condição de equilíbrio, o que seria o ideal, pois todos somos irmãos e filhos do mesmo Pai Celestial que não desampara ninguém, seja homem, animal, vegetal ou mineral. Estamos nesse mundo para aprender a amar. Se aprendermos a amar os animais, é preciso estender esse amor também às pessoas e optar pela vida de todos os seres do reino animal, vegetal ou mineral. Somos partes de um todo universal em que cada ser, por mais insignificante que seja, para nós, tem a mesma importância no equilíbrio desse todo. Por isso Jesus dizia para amarmos o próximo como a nós mesmos. Tanto os animais quanto os vegetais, minerais ou seres humanos são o nosso próximo. Amemo-nos uns aos outros.

> *"A falta de estudo, de observação, de meditação, em uma palavra, a ignorância presunçosa permitiu o destaque do homem, classificando-o como um ser à parte na criação."* (Cairbar Schutel)

165. Você fala que seria bom se deixássemos de comer carne, mas acredito que isso seja algo fora da Natureza. Sem carne enfraquecemos e podemos até morrer. Os próprios animais matam para comer. Não estaríamos indo contra nossa Natureza?

R: Em *O Livro dos Espíritos* encontramos a seguinte frase: "Pobres homens que vos rebaixais abaixo da brutalidade". Não podemos nos comparar aos animais no que se refere à brutalidade. A brutalidade que caracteriza alguns animais faz parte do seu estado de evolução ainda primitivo. Nós já passamos por todas as fases pelas quais os animais estão passando e já experimentamos tudo o que eles ainda vão experimentar. Nosso tempo de nos alimentar de despojos e cadáveres passou e não mais necessitamos desse tipo de nutriente. Quando o Espírito de Verdade disse que a carne nutre a carne, estava se referindo às necessidades do nosso corpo, que consta de seres (as células) extremamente primitivos. Nosso espírito comanda e ordena as funções do corpo, por isso não estamos para obedecer aos desejos da carne que não são os do espírito. Nós comandamos nosso corpo e não é ele que nos comanda. Não precisamos de nutrientes de origem animal, pois podemos nos alimentar tranquilamente de nutrientes de outras origens sem prejuízo da saúde. Ao contrário do que imaginamos, a carne não é imprescindível, mas é um meio de prejudicar a saúde. É sabido que o consumo dela é determinante ao surgimento de certos tipos de cânceres. Sabendo disso, por que continuar nos alimentando de restos de animais mortos? Se pudéssemos ver o que acontece com a carne dentro de nosso organismo é provável que deixássemos de comê-la rapidamente. A carne entrando em contato com nosso sistema digestivo demora-se ali porque precisa ser decomposta como acontece quando encontramos animais mortos em estado de decomposição. Nesse estado, como se estivesse apodrecendo, passamos, então, a absorver os subprodutos dessa decomposição. Conheço pessoas que nunca comeram carne e já têm idade avançada e em nada demonstram a idade que tem. São mais saudáveis do que outras da mesma idade, que ainda se alimentam de carne. Muitas delas são ativas tanto física quanto mentalmente e creio que essa saúde se deve à isenção de carne na sua dieta. Acredito que comendo carne é que estamos indo contra a nossa Natureza que não é a de carnívoros, que não somos.

> *"Olhai as aves do céu. Não semeiam, nem ceifam, nem ajuntam em celeiros e o vosso Pai Celestial as alimenta."* (Jesus)

166. Até que ponto o que se lê nos seus livros é fantasia e o que é realidade? Pois muito do que li parece uma fantasia que tenta forçar algo irreal demais.
R: O conteúdo dos livros é originado a partir de narrativas que percebo como se alguém estivesse ditando-me as palavras e minha mão acompanha sem muito esforço. Em outras oportunidades, as palavras são escritas sem que eu ouça alguma narrativa. Às vezes, me desdobro à colônia Jonisi e participo das aulas com os outros alunos citados nos livros. São aulas práticas e estudamos vários aspectos da vida dos animais tanto encarnados como desencarnados. Ao retornar ao corpo físico, eu me lembro de tudo como se tivesse acabado de voltar de um passeio. As imagens e as palavras ecoam em minha mente de tal modo que não me parecem ser lembranças de sonho (desdobramento), por causa da clareza, e simplesmente eu descrevo

o que vi e ouvi, com auxílio dos mentores que orientam as palavras. Muitas vezes acompanho casos reais na minha clínica e durante o sono sou levado à colônia onde tenho a oportunidade de acompanhar o mesmo caso, do ponto de vista espiritual, e tenho como descrever tudo ao acordar.

Parece-me que Yvonne A. Pereira, escritora espírita, tinha esse tipo de contato com o Mundo espiritual, pois para confeccionar os seus livros ela também se desdobrava à espiritualidade e trazia as informações depois de um desdobramento consciente.

As informações são muito detalhadas e novas para que simplesmente sejam frutos de uma imaginação, pois necessitaria de uma longa elaboração para se chegar às conclusões que se encontram nos livros. Pelo tempo que levei para escrever o primeiro livro (28 dias para fazer em manuscrito e quase o dobro do tempo para passar para o computador) não teria como criar em minha imaginação essas informações que, segundo os leitores entendidos, são muito lógicas.

Tenho convicção de que são verdadeiras, extremamente úteis e consoladoras, como se propõe a Doutrina Espírita, que tem a função de ser consoladora.

É um grande alívio para o nosso espírito saber que os animais são bem-tratados e assistidos depois de desencarnar e que podem retornar ao nosso convívio tão rapidamente.

> *"Deus deu a uns a força para proteger o fraco e não para se servir dele."* (Espírito de Verdade)

167. Li seu livro *Todos os Animais Merecem o Céu* e me pareceu tudo bom demais. Será que no Mundo espiritual as coisas são tão certinhas assim?

R: Nós nos habituamos ao sofrimento e, por causa disso, não cremos que haja lugares onde se tenha um pouco de paz e felicidade e as pessoas se entendam e trabalhem felizes com um objetivo comum sem pedir nada em troca, nem esperar reconhecimento. Não é por ser um local em que são tratados animais que precisa ser desorganizado e feio. Eles merecem locais tão bons quanto nós. Deus não faz distinção entre Seus filhos, sejam animais ou humanos. A descrição encontrada nos livros ainda é pobre em referências sobre o mundo espiritual que, na realidade, é ainda mais surpreendente, bonito e organizado. Tudo é muito limpo, claro, ensolarado e tranquilo.

A colônia para animais é extremamente calma e tranquilizadora e lembra as narrativas que os antigos faziam do que entendiam por paraíso. Talvez o seja mesmo, pois em quase nada se compara ao que pode ser presenciado aqui no nosso sofrido planeta Terra. Talvez por isso que no nome do livro há referência ao Céu. Se existe esse conceito cristão, acredito que seja como se vê na colônia dos animais. A organização é extremamente detalhista e eles se preocupam com cada aspecto da saúde física e espiritual dos animais.

Já que podemos comparar essa colônia com o Céu e como eu creio que os animais são seres puros, merecem algum lugar assim mesmo. Acho que todos os animais merecem o Céu.

> *"O amor ao próximo: É preciso lhes mostrar a aplicação, de outra forma eles a negligenciarão, como fazem hoje; aliás, a lei natural compreende todas as circunstâncias da vida."*
> (Espírito de Verdade)

168. Eu acho que quem se preocupa com animais são pessoas que não têm o que fazer em casa, por isso arrumam a desculpa de que os amam para terem algum motivo para viver. São velhas senhoras aposentadas e mulheres com problemas conjugais que fazem isso. Há tantas crianças abandonadas por aí. Por que não adotam uma criança em vez de cuidarem de animais?

R: Não se pode generalizar nenhuma opinião em relação às pessoas pelo simples fato de que cada um de nós é uma individualidade, possui uma história de vida e está aqui nesse mundo com um objetivo. Quem poderia dizer que Francisco de Assis fosse algum tipo de pessoa desequilibrada emocionalmente e que por isso se dedicou aos animais? Ele os amava e ainda amava as pessoas do mesmo modo. Amar os animais não exclui a possibilidade de amar as pessoas também. Pode-se amar ambos, sem prejuízo para nenhuma das partes. Pelo simples fato de amar os animais não se pode afirmar que se esteja diante de um desequilibrado. Talvez uma pessoa que deteste ou despreze animais esteja em situação mais delicada porque não conseguiu ainda ver nos animais irmãos como os via Francisco de Assis ou, talvez, essas pessoas que alguns julgam desequilibradas por os amarem. Ter amor aos animais não é privilégio das senhoras aposentadas e mulheres casadas, mas a todos que encontrem neles o próximo que Jesus pedia para amarmos. Quando Ele fez esta recomendação não especificou que deveria ser um ser humano. Qualquer pessoa pode amar os animais e também as pessoas, pois uma coisa não exclui a outra. Podemos cuidar dos animais e dar atenção também às crianças desfavorecidas e vice-versa.

"O sol brilha para todos." (Espírito de Verdade)

169. Em *O Evangelho Segundo o Espiritismo*, no capítulo que fala sobre a Lei do Amor, encontramos um trecho que diz que quem ama os animais é um desequilibrado. O que você me diz dessa passagem?

R: Na passagem de *O Evangelho Segundo o Espiritismo*, no capítulo sobre a lei do amor, o Espírito que deixou a mensagem referia-se a pessoas que, por já terem problemas de relacionamentos, se isolam do convívio humano e o substitui por animais, plantas e objetos. No exemplo referido, a pessoa é uma desajustada social que vê nos animais a possibilidade de se reajustar, mas isso não significa que toda pessoa que goste de animais seja assim. Ao contrário, cremos que a maioria que ama os animais esteja em um grau mais elevado de entendimento do que os que os odeiam.

A partir do momento em que a Humanidade encontrar nos animais irmãos, estaremos próximos de atingir outro patamar evolutivo. Quando os amarmos como irmãos, significa que nós já convivemos com mais fraternidade e é possível que não haja mais guerras nem diferenças sociais tão extremas como as que vemos hoje.

> *"Os animais têm o livre-arbítrio de seus atos? –*
> *R: Eles não são simples máquinas como acreditais, mas sua liberdade de ação é limitada às suas necessidades."* (Espírito de Verdade)

170. Em *O Livro dos Espíritos* está bem claro que os animais não têm livre-arbítrio. Portanto seus livros estão em contradição com a Doutrina Espírita?

R: Não sabemos de onde veio essa ideia de que os animais não tenham livre-arbítrio. Os animais têm sim. Como o nosso livre-arbítrio não é amplo e irrestrito, o deles também não é. Nossa liberdade vai até um certo limite, isto é, nosso direito vai até onde começa o do outro e se ultrapassarmos esse limite, teremos de responder pela transposição. A nossa liberdade é relativa ao grau de entendimento e de evolução. Dos animais também é assim. Eles têm liberdade de escolha, mas dentro do seu limite de entendimento. Não podemos exigir de uma criança, por exemplo, que se responsabilize por uma atitude, que seria atributo de um adulto. Do mesmo modo, os animais não podem ser responsabilizados por escolhas malfeitas, mas eles podem escolher.

Em *O Livro dos Espíritos* há uma citação sobre os animais não terem o livre-arbítrio no caso de participação de escolhas relativas à sua reencarnação. Note que é utilizado o artigo definido "o". Isso indica a utilização do livre-arbítrio em um caso específico e não a liberdade de modo geral.

O livre-arbítrio dos animais é mais restrito que o nosso, mas eles, sem dúvida, o têm. Por isso que o Espírito de Verdade diz que os animais não são simples máquinas, como supomos.

> *"Pode-se dizer que os animais não agem senão por instintos? – R: Isso é ainda um sistema. É bem verdade que os instintos dominam, na maioria dos animais, mas não vês que agem com uma vontade determinada? É da inteligência, mas ela é limitada."* (Espírito de Verdade)

171. Você fala em animais na erraticidade. Nos livros da Codificação vemos que não há animais na erraticidade. Encontramos que são imediatamente utilizados em novos corpos. Concluo, portanto, que seus livros estão em total contradição com a Codificação.

R: Em nenhum momento dissemos que os animais citados nos livros são animais errantes. Deve ser sobre isso que você está se referindo, pois não há na Codificação nada referente à não existência de animais na erraticidade, que compreende o período entre uma desencarnação e outra reencarnação. Ao contrário, a Codificação fala em reencarnação, pois os animais reencarnam e o período que permanecem na dimensão espiritual é o que se chama de erraticidade.

Você deve estar se referindo a animais errantes. Esse é outro conceito diferente do que você está referenciando. Errante é o ser que se comporta na dimensão espiritual como se fosse um nômade, isto é, pode se deslocar naquela dimensão indo aonde pretender. No entanto, os animais são tutelados dos seres humanos e precisam estar sob sua proteção integral. Por isso não são espíritos nômades. Algumas vezes encontramos na literatura a respeito de animais materializando-se no mundo físico ou sendo vistos por videntes em manifestações fantasmagóricas, mas, com certeza, não estão ali isoladamente, e sim acompanhados por algum espírito humano. Apesar do respeito que temos pela Codificação, a doutrina é a doutrina da fé raciocinada. Por isso nem sempre concordamos com algumas palavras encontradas na Codificação, que nem sempre são adequadas ao contexto. A palavra "utilizados" não é, na minha opinião, a melhor palavra para designar a preparação do espírito animal para o retorno ao plano físico. Essa palavra dá ideia de que há vantagens a terceiros, quando na verdade o beneficiário é o próprio espírito animal, que terá a oportunidade de continuar sua experiência evolutiva.

Mediunidade nos animais

> *"É preciso supor um dom de segunda vista superior ao dos sonâmbulos mais clarividentes."*
> (Espírito de Verdade)

172. Como é possível um animal se materializar? É sabido que esse processo é trabalhoso, difícil e necessita do auxílio de espíritos entendidos para fazê-lo, pois se fosse assim tão simples, os espíritos trevosos se materializariam o tempo todo para criar situações angustiantes aos encarnados.

R: Apesar de parecer muito complexo, talvez não seja tanto, pois nos foi narrado por um ouvinte o caso de seu cão que dormia quando a casa estava sendo invadida por assaltantes. Seus donos não tinham ideia de que eles já estavam dentro de casa, na garagem, tentando roubar o aparelho de som, quando foram surpreendidos pelo cão que dormia e se materializou para eles. O susto foi grande e os assaltantes fugiram dali, assustados, e não mais voltaram. Os donos, que viram o seu cão agindo heroicamente, correndo atrás dos invasores, ficaram surpresos quando o encontraram dormindo como se nada tivesse acontecido. Todos de casa viram o cão correndo pelo quintal espantando os assaltantes e ainda o viram deitado, ressonando em um canto do quintal.

Como dizem: "Para Deus nada é impossível". Se for necessário, a espiritualidade possui todos os meios de efetuar isso e muito mais. O potencial de ação dos espíritos sobre o mundo físico é maior do que podemos imaginar e o desdobramento de animais é uma realidade.

O animal, por si só, não é capaz de se materializar. Ele precisa do auxílio dos espíritos que manipulam energias obtidas no mundo físico e aplicam sobre o corpo espiritual dos animais, moldando-o, dando a ele forma e consistência. Dependendo da energia utilizada, a materialização é tão perfeita que não se pode diferenciar um animal físico de um materializado.

No livro *Todos os Animais Merecem o Céu* encontramos o capítulo em que Boris, o cão de Guilherme, materializa-se para salvá-lo de um assalto, como aconteceu nesse caso narrado por uma pessoa que conheci em uma palestra.

Na literatura há descrição de casos de animais que se materializaram em situações de perigo e de morte iminente do próprio animal e há casos em que se materializaram mesmo de forma banal.

> *"Parece bastante lógico supor que um ser vivo, dotado de certa dose de inteligência, seja mais apropriado para esses efeitos do que um corpo inerte."* (Espírito de Verdade)

173. Os animais podem ver os espíritos? Eles têm vidência?

R: Sim. Os animais possuem vidência, pois eles têm muita facilidade em captar os vários campos mórficos do ambiente. Na captação desses campos mórficos, citados por Rupert Sheldrake, eles podem ter a percepção, além de outras, da presença de espíritos também. Essa visão é tão comum que há para eles a possibilidade de confundirem encarnados com desencarnados. Na Bíblia há a passagem em que o burrinho de Balaão vê um espírito. Existem muitos relatos de animais que comprovadamente viram os mesmos espíritos que viram os homens que faziam as experiências, na época do cientista francês Gabriel Delanne.

Os animais possuem outras habilidades supranormais, como, por exemplo, a premonição e desdobramento.

> *"Do mesmo modo que a imitação do sonambulismo não provou nada contra a possibilidade de uma faculdade análoga entre eles ou entre os animais."*
> (Allan Kardec)

174. Como os animais têm vidência, podem ser médiuns também?

R: Médiuns são intermediários de comunicações entre desencarnados e encarnados. Os animais possuem capacidade de vidência muito grande e também, em alguns casos, poderiam tornar-se médiuns. Mas isso não seria prático, porque envolveria uma série de dificuldades energéticas. A pouca sintonia com as nossas energias é um aspecto importante, pois nossas energias psíquicas não são compatíveis com as da maioria dos animais, mas há alguns que possuem energias semelhantes às nossas em certos aspectos. Há macacos, por exemplo, que conseguem comunicar-se conosco pela linguagem dos surdos-mudos e poderiam nos transmitir o que dizem os espíritos, mas não seria eficiente. Alguns podem comunicar-se por telepatia, mas também nesse caso seria mais prático o espírito comunicar-se telepaticamente, direto com o encarnado, sem precisar de um animal para isso.

Os animais não poderiam psicografar eficientemente (há o caso de um gato que escreveu meia palavra sob influência espiritual, deslizando uma de suas patas sobre um papel esfumaçado), e não podem ser psicofônicos eficientes (papagaios e outras aves que podem falar não são eficientes, pois exigiriam dos espíritos trabalhosas adaptações do aparelho fonador para transmitirem alguma mensagem sonora falada). Os animais possuem grande capacidade de antecipar fatos (premonição), mas não conseguem transmitir de modo preciso para nós o que poderiam prever. Enfim, os animais possuem um grande potencial mediúnico, mas nossos meios de comunicação com eles ainda são falhos. Portanto, não é prático usá-los como médiuns, apesar de sua capacidade de percepção do plano espiritual.

> *"Digo animais desencarnados, mas haveria ainda a hipótese de serem também animais encarnados, em desdobramento."* (Irvênia Prada)

175. Animais podem ser vítimas de obsessão? Pois estou fazendo um tratamento de desobsessão e meu *poodle* grita e chora como se alguém o cutucasse. Sai correndo como se visse algo. Meu peixe morreu de repente e meu *hamster* está muito assustado. Há algo que eu possa fazer para amenizar isso?

R: Os animais possuem grande vidência do Mundo espiritual. É difícil para eles distinguir entre o que pertence ao mundo físico e ao espiritual. Por causa desta capacidade anímica destes seres, eles, algumas vezes, se veem diante de entidades espirituais de aparências diversas.

Algumas são assustadoras e podem realmente espantar os animais. Certo dia, minha gata, que estava sobre a mesa, repentinamente se arrepiou no dorso, como se estivesse diante de algum animal feroz que a ameaçasse.

Ela começou a rosnar como um cão, enquanto olhava fixamente em uma direção. Fixando a minha atenção naquela direção, notei a presença de uma entidade espiritual de aspecto sofrido que pedia ajuda.

A cada tentativa de se aproximar, minha gata mostrava suas unhas e se colocou à minha frente como se quisesse me defender do intruso. Repentinamente, o espírito desapareceu e a gata voltou a dormir.

Naquela noite, em um trabalho espiritual na Casa que frequento, a entidade apareceu e foi levada a um hospital na espiritualidade onde se recuperou. Esse espírito não era mau, mas tinha péssima aparência, e isso a assustou. Depois que a entidade foi ajudada, tudo voltou à rotina, mas nem sempre as coisas são assim tão fáceis.

Para evitar a presença de entidades estranhas, é importante manter os pensamentos sempre elevados e trabalhar pensando primeiro em auxiliar, quem quer que seja que necessite de nós, a qualquer momento, e não em ser auxiliado. Assim estaremos bem acompanhados.

> *"A perspicácia deles (dos animais) ultrapassaria de muito a do homem, pois ninguém há que possa lisonjear-se de fazer o que eles fazem."*
> (O Livro dos Médiuns)

176. Os animais podem nos avisar quando um espírito trevoso está presente?

R: Os animais possuem uma vidência muito grande do Mundo espiritual. Uma pessoa nos contou que, durante sua infância, quando já era dotado de mediunidade de vidência, vivia num sítio em que sua avó detestava quando as galinhas entravam em casa.

QUAL A SUA DÚVIDA PARA O TEMA: A ESPIRITUALIDADE DOS ANIMAIS

Então ela as espantava com sua bengala. Com medo de serem atingidas, as galinhas fugiam espavoridas pelas janelas e portas. Não passou muito tempo e a senhora faleceu. Logo, elas ficaram mais à vontade passeando pelos cômodos sem ser incomodadas. Entretanto, às vezes viam-se as galinhas fugindo como se algo as assustasse.

Usando de sua capacidade, o jovem percebia a presença do espírito da avó a espantar as aves com sua bengala, como fazia quando encarnada.

Quanto ao fato de o rapaz perceber a presença do espírito, nada de extraordinário encontramos, mas, no tocante aos animais, a percepção do espírito é algo que nos chama a atenção, pois mostra que possuem a capacidade de vidência igual ou melhor do que a nossa.

Assim, como os animais podem ver espíritos não trevosos, cremos que podem ver também os trevosos e talvez consigam nos avisar da presença estranha.

> *"Lembrai-vos da mula de Balaão que, vendo um anjo diante de si e temendo-lhe a espada flamejante, se obstinava em não dar um passo."*
> (O Livro dos Médiuns)

177. Os animais nos avisam de perigos para nos proteger?
R: Nesta pergunta está implícito que os animais possuem uma capacidade, que está pouco evidente em nós, os

humanos, que é a intuição, e a percepção de algum perigo oculto. Os animais também possuem a capacidade de captar pensamentos, por telepatia, como já foi demonstrado por um cientista britânico, Rupert Sheldrake, bem como prever situações futuras, como se tivessem uma espécie de premonição.

Se algum animal que estiver próximo também tiver, além destas capacidades outra, como a vontade de ser útil, ou a vontade de auxiliar, ou de querer evitar que nos deparemos com o perigo, é provável que nos avise de alguma ocorrência que nos exponha a ele.

> *"Os animais têm um comportamento antecipatório."* (Rupert Sheldrake)

178. Se não existem animais errantes na espiritualidade, como explicar aparições em locais diversos de zonas rurais, conforme vários relatos que já ouvi quando criança?

R: Nunca dissemos que não há animais errantes na Espiritualidade. Apenas passamos a informação encontrada em *O Livro dos Espíritos*.

Segundo o Espírito de Verdade, não há animais nômades na espiritualidade, *dificilmente* veremos espíritos de animais vagando pelo Mundo espiritual como acontece com espíritos humanos. No entanto, recebemos relatos de pessoas que afirmam ter tido contato visual com espíritos de animais no mesmo ambiente.

Qual a sua dúvida para o tema: a espiritualidade dos animais

Sem dúvida, existe a possibilidade de que eles se manifestem, pois são os mesmos seres que conheceram quando encarnados. Essas manifestações podem ser notadas por nossos sentidos espirituais pelo auxílio de algum espírito (humano) que os acompanha, como seus tutores. Outra possibilidade é a de que as manifestações não se refiram ao aparecimento de espíritos de animais, mas de humanos, com aparência de animal.

Como sabemos, há espíritos tão equivocados e com mentes tão deturpadas que perderam o seu referencial humano e podem se manifestar com a aparência que tinham nas fases anteriores como animais, apesar de serem humanos.

> *"... há Espíritos errantes de todos os graus."*
> (O Livro dos Espíritos, p. 225)

Suicídio no reino animal

179. Há suicídio no mundo animal? Como se explica e quais as consequências? Existe algum lugar equivalente ao vale dos suicidas para os animais?

R: Há suicídio sim, pois alguns animais, pelo seu grau de desenvolvimento intelectual, são capazes de entender situações por que passam. Algumas são bastante deprimentes e passíveis de desenvolver sentimentos de desalento que os levariam a querer eliminar a própria vida para se livrar do sofrimento que os aflige.

Entretanto, os animais são seres em aprendizado e por isso não poderiam ser condenados por atitudes como essas, pois eles são como crianças que não sabem ainda o que fazem em relação à vida moral. Não se pode condenar uma criança porque ela não agiu como agiria um adulto, pois ainda não aprendeu a ser adulta.

As consequências para eles, por causa dessa infantilidade evolutiva, não seriam as mesmas consequências que para nós, os humanos.

Não há umbral ou uma região que tivesse as mesmas características para os animais suicidas, pois, como dissemos, eles são como crianças e não sabem exatamente o que fazem. Em vez de serem condenados por um ato suicida, eles são cuidados com maior carinho para se recuperarem e voltarem à carne para aprenderem a viver com mais vontade e vencerem a tendência depressiva suicida. Ao chegarem ao Mundo espiritual, são tratados com muito respeito por entidades elevadas e ocupadas com sua evolução. Os recém-chegados são levados aos locais adequados para se prepararem para a reencarnação. Quando se suicidam, eles não criam aquela psicosfera pesada que os uniria ao umbral dos humanos, ou aos abismos do Mundo espiritual.

Na literatura científica há relatos de animais suicidando-se até mesmo em massa, como ocorreu nos Estados Unidos, quando vários búfalos se atiraram de um despenhadeiro a ponto de se acumularem no fundo do vale em montes de vários metros de altura.

180. Em seus livros encontramos que os animais se suicidam. Isso é uma patente contradição, pois os animais não têm o livre-arbítrio.

R: Como vimos anteriormente, os animais possuem o livre-arbítrio de seus atos, pois caso contrário eles seriam como máquinas sem futuro e crer que Deus criasse seres inteligentes sem um futuro seria blasfemar contra a Bondade e Justiça Divina.

A *Revue Spirite,* de fevereiro de 1867, traz referências a suicídio entre os animais, mostrando que têm o livre-arbítrio. A revista publica um artigo do jornal americano *Morning Post* de maio de 1866. Na referida manchete, o cão, que pertencia ao senhor Home, morador em Nova York, parecia apresentar sintomas que lembravam a raiva canina, muito comum naquela época. Por causa de sua suposta doença, não confirmada, as pessoas o isolaram. Isso lhe causou um aparente desgosto que se refletia em sua expressão. Estava magoado e deprimido, pois foi rejeitado mesmo não tendo nenhum sintoma evidente. As pessoas o temiam e o evitavam sem rodeios e por fim viram-no deixando o canil e dirigir-se à casa de um amigo que não o acolheu. Ouviam-se uivos de tristeza. Depois de muito esperar sem ser acolhido, voluntariamente caminhou até um riacho próximo e mergulhou deliberadamente nas águas frias para depois reaparecer à tona morto.

O relato desse caso foi colocado na revista dirigida por Hippolyte Léon Denizard Rivail (Allan Kardec), mostrando que a doutrina **não afirma** que os animais não têm o livre-arbítrio de querer se suicidar.

Parte II

A Espiritualidade dos animais

Esse ainda é um tema polêmico no meio Espírita porque muitas pessoas não creem ou não querem crer que os animais tenham espírito, possuam alma, que sejam inteligentes, que sofrem, sentem, podem ser compassivos, que são assistidos pela espiritualidade superior, que vivem nas colônias espirituais, que reencarnam, evoluem e que, algum dia, chegarão ao patamar da Humanidade.

No entanto, crendo ou não, aceitando ou não, as verdades nunca deixarão de existir, mesmo à revelia de muitos que não aceitam que já estivemos nas fileiras da animalidade.

Emmanuel, no livro de mesmo nome, diz:

"Com o desenvolvimento das ideias espiritualistas, torna-se um estudo obrigatório [...] o problema que implica o drama da evolução anímica.

"Como o objetivo é o estudo dos animais, sinto-me à vontade para declarar que todos nós já nos debatemos no seu acanhado círculo evolutivo.

"Os animais são nossos parentes próximos apesar da teimosia de quantos persistem em não reconhecer".

Que animal é este?

É comum ouvir dizer de pessoas que não acreditam que os animais tenham alma ou que exista algum local no Mundo espiritual especial para eles, como se nós mesmos não fôssemos animais. Apenas a título de um pequeno exercício inicial à leitura perguntamos: que animal é este?

Ele é fraco, sem garras, tem dentes fracos. Possui habilidade para fazer ferramentas; vive em bandos. Antigamente existiam várias espécies que competiam entre si e a raça mais forte e carnívora acabou desalojando e matando as outras de sua espécie. Hoje somente há uma espécie restante, pois os vegetarianos, que eram pacíficos, foram exterminados por esses outros: os carnívoros agressivos.

Que animal é este, que diante do perigo, esvazia os intestinos, para se tornar mais leve, para se tornar mais ágil; tem suas pupilas dilatadas diante do perigo para poder visualizar melhor o inimigo e assim atacar ou defender-se?

Que animal é este que mata para defender seu território e luta até a morte contra o seu predador e mata também por diversão e por prazer, mesmo quando não tem fome?

Somos nós mesmos!
Essa introdução é para nos fazer lembrar que ainda somos animais.

Animais

Definição biológica

Animais são seres orgânicos constituídos de corpos compostos basicamente de seis elementos químicos. O mais importante deles é o carbono.

Trata-se de seres de vida livre que buscam seu alimento ativamente. Alguns são predadores e outros são presas desses. Sua energia é obtida a partir de fontes exteriores, isto é, eles não produzem os próprios nutrientes, como fazem os vegetais.

Existem milhares de espécies, raças e famílias de animais.

A fonte de energia dos animais é a glicose que se armazena como glicogênio.

Definição espiritual

Animal: A palavra animal deriva de *anima* do latim que significa alma, portanto significa que estamos falando de um ser dotado de alma.

Quando a esses foi dado o nome genérico de animal, tinha-se em mente que eram seres animados, ou seja, dotados de espíritos.

Nas obras da Codificação encontramos a seguinte frase: "Todos os seres orgânicos têm alma". Por isso, não somente os animais têm alma, mas os seres orgânicos, ou seja, todos os seres compostos basicamente de carbono, como os animais.

Os vegetais são compostos de carbono, assim como os seres inferiores da escala biológica, a exemplo das bactérias, protozoários e vírus.

Então, podemos dizer que animais são seres dotados de espíritos.

Na Codificação encontramos: "Tudo na Natureza se encadeia e tende à unidade", portanto, tudo permanece em constante evolução. Assim, os animais, como espíritos encarnados, chegaram a essa condição passando por fases anteriores de evolução.

Como se dá a evolução?

Por meio do acoplamento do espírito a um corpo físico para que possa viver e experimentar todas as situações originadas desse mundo. Para tanto, se faz necessário que possua um corpo físico, com o qual o espírito do animal possa se manifestar nesse meio físico.

Corpos de animais

Na Codificação encontramos:

"Plantas são sempre plantas; animais sempre animais; homens sempre homens".

Por que há essa citação que contradiz a anterior, que também foi dita pelo Espírito de Verdade?

Quando ele se refere aos animais como seres espirituais, afirma: "a alma dos animais" ou "o espírito dos animais", mas quando se refere aos animais diretamente, sem fazer referência ao espírito ou à alma, ele está se referindo ao "corpo do animal". O Espírito de Verdade considera o corpo como um ser governado pelo espírito que o habita, como podemos notar nesta frase:

"O corpo é um ser dotado de vitalidade". (*O Livro dos Espíritos*).

Esse ser é formado por um conjunto de células e é comandado pelo espírito do animal. Esse conjunto formado é um recipiente, um envoltório, um meio de manifestação do espírito, mas não é o próprio espírito. O corpo que encerra o espírito não evolui. Quem evolui é o espírito que habita aquele corpo. Portanto quando se refere a corpos podemos dizer – já que não evoluem –, que os corpos dos animais são sempre firmados em um mesmo modelo biológico (não importa se falamos de corpos humanos ou de animais).

Então o corpo, ou o animal naquilo que aparenta, não é o espírito, mas, sim, o seu veículo de manifestação.

OS DIVERSOS REINOS DA NATUREZA

Como foi dito pelo Espírito de Verdade: "Tudo na Natureza se encadeia e tende à unidade". Nada ocorre de um salto. Todas as mudanças são lentas e imperceptíveis à nossa observação. O princípio inteligente não passa do reino mineral para o vegetal e desse para o animal num salto. É necessário passar por vários reinos menores e intermediários, nesse e em outros mundos, pois "há muitas moradas na casa de meu Pai", segundo Jesus.

O princípio inteligente, assim que é criado, em algum momento que não sabemos quando, imediatamente, por intermédio da lei de afinidade, que é uma norma universal, associa-se a outros princípios inteligentes.

O início da evolução do princípio inteligente no mundo físico confunde-se com o seu envoltório, pois ainda é, praticamente, seu próprio corpo físico também.

Esse princípio inteligente, ao associar-se com outras formas colônias de princípios inteligentes, determina, aí sim a diferenciação de seu envoltório físico do próprio princípio inteligente. Surgem os primeiros seres primitivos.

Reino mineral

A vida inorgânica é a existência do princípio inteligente cuja essência vital está "dormindo". Mas ele começa a sair dessa latência em um determinado momento. Alguns cientistas cogitam a possibilidade de que a primeira manifestação de vida pode ser considerada no cristal, pois tem capacidade de se reproduzir e de se regenerar.

Outros dizem que os primeiros seres vivos podem ser as moléculas de DNA primitivas que surgiram no planeta há bilhões de anos.

Outros dizem que seriam os vírus, ou as bactérias, as mais antigas formas de vida.

Não confunda: Essas formas que apresentamos são, na verdade, corpos físicos primitivos, com os quais o princípio inteligente faz seu contato com esse mundo material.

O princípio inteligente continua sua evolução no mundo físico, estagiando nesses corpos primitivos, passando de um para outro conforme necessário. Terminado seu estágio no reino mineral, passará ao reino mais evoluído, ou seja, no reino monera.

Reino monera

Esse é o reino das bactérias. Nele, o princípio inteligente estagia tentando aprender melhor sobre as técnicas de reprodução e de proteção. Nesse estágio o princípio inteligente aprende como é a vida de um vegetal primitivo.

Bactéria

Algas

A Ciência não considera as algas pertencente a algum reino, ou ao reino das algas, mas nessa fase o princípio inteligente aprende algo mais sobre o futuro reino onde deverá estagiar: o reino vegetal. As algas possuem semelhança maior com os vegetais do que as bactérias.

A partir desse reino, o princípio inteligente pode continuar seu estágio entrando diretamente no reino seguinte, o vegetal, ou terminado esse estágio, passa a outro:

Reino protista

Esse é o reino dos protozoários. *Proto* significa primitivo e *zoo* significa animal. Então esses são os mais primitivos animais.

Esse reino é o exercício para o princípio inteligente aprender como é a vida de um animal. Ele estagia de modo intercalado (decisão que cabe aos espíritos que o assistem) nesses dois últimos reinos.

Dessa forma, entra para a fase em que possui semelhança com seres dos dois reinos por onde deverá passar posteriormente, ou seja, os reinos animal e vegetal. Que reino é esse?

Reino fungi

Os seres desse reino possuem vida fixa como se fossem vegetais ou células vegetais, mas não fazem a fotossíntese para obtenção de energia e sua fonte de glicose está nas reservas de glicogênio, como nas células animais. É um reino importante, pois é intermediário entre os vegetais e os animais.

Ao chegar a essa fase, o princípio inteligente já aprendeu bastante nos reinos anteriores sobre algumas lições básicas de como ser um vegetal e de como ser um animal, mas, antes de estagiar em um deles, passa pelo reino dos fungos.

Terminado esse estágio, ele adquiriu noções preliminares de como ser um vegetal e teve noções iniciais de como ser um animal.

Agora estagiará no reino mais evoluído porque já passou:

Reino vegetal

Nesse, já desenvolve algumas reações mais complexas e produz suas energias, transformando a energia solar. Possui vida fixa, fincando raízes e captando a luz solar e a água do solo. Existem espécies de vegetais que começam a demonstrar comportamentos que se assemelham ao de animais, como, por exemplo, as plantas carnívoras. É a primeira demonstração de que o princípio inteligente começará a sua entrada para outro reino, ou outros reinos, pois acreditamos que partes da transição entre os vegetais e animais ocorram também em outros mundos, desconhecidos nossos.

A saída de um reino como o vegetal para uma entrada repentina no reino animal seria um choque para o princípio inteligente.

Existem muitas diferenças e seria necessário um período de adaptação em reinos intermediários (talvez esses reinos estejam aqui mesmo em nosso mundo, mas ainda não foi catalogado).

Reino animal

Esse é o reino cujo psiquismo e inteligência desabrocham e desenvolvem-se para atingir o máximo (dentro de nossa faixa evolutiva) no ser humano.

Não podemos nos esquecer de que quando se faz referência a reino hominal, refere-se a um reino não ligado à ciência, mas, sim à filosofia, pois não existe reino hominal e sim reino animal. Nós somos animais! Não podemos perder isso de vista. Não somos seres criados à parte por Deus, somos seres que alcançaram essa condição depois de amargar por todos os reinos anteriores.

Por passarmos por todas essas fases evolutivas e fazermos despertar o potencial do princípio intelectual,

Léon Denis disse que o princípio inteligente "dorme no mineral, sonha no vegetal e acorda no animal".

A Alma dos animais

O princípio inteligente (segundo a Codificação)
"O elemento espiritual individualizado constitui seres chamados espíritos."

Como vimos anteriormente, o Espírito de Verdade disse em relação à alma dos seres vivos: "Todos os seres orgânicos têm alma".

Allan Kardec perguntou ao Espírito de Verdade:

"Pois se os animais têm uma inteligência que lhes dá uma certa liberdade de ação, há neles um princípio independente da matéria?

– Sim, e que sobrevive ao corpo".

Essa afirmação do Espírito de Verdade nos revela que realmente os animais possuem alma e seu espírito permanece intacto após a morte do corpo físico.

Mas o que é a alma ou espírito animal?

É um princípio inteligente em evolução.

Princípio inteligente é a individualização de um princípio extraído por Deus do princípio espiritual universal. Pode ser chamado também de princípio espiritual, mônada, ou simplesmente espírito, mesmo que se refira a um princípio inteligente recém-criado por Deus, pois: "Todos os espíritos são criados simples e ignorantes".

Princípio material

O que dá origem aos seres do mundo físico e ao próprio mundo físico.

Como o princípio inteligente se manifesta no mundo físico?

Pela integração desse primeiro princípio, que é o espírito em formação, com outro princípio originado na mesma matéria cósmica universal: o princípio material.

Princípio vital

Como é a união do princípio inteligente com o material?

A união se dá por meio do acréscimo de outro princípio de mesma origem: o princípio vital.

O princípio vital funcionaria como uma "cola" que une o espírito ao corpo e, ao mesmo tempo, dá vida a esse corpo. Uma vez separado desse segundo princípio, o espírito (princípio espiritual ou princípio inteligente) separa-se também do corpo e esse, ao perder a vitalidade conferida por esse princípio, morre. Ao morrer, se decompõe e devolve seus componentes à Natureza para que possa ser reciclado.

Essa união, ou seja, do princípio inteligente com o vital, intermediando o contato com o princípio material, resulta no surgimento do:

Ser orgânico

Então, da união do princípio inteligente com o vital há a formação de corpos orgânicos, ou seja, corpos capazes de expressar a vontade do espírito.

O corpo físico no qual o princípio vital se manifestará necessariamente precisa ser orgânico, pois nos seres inorgânicos ele existe, mas está latente, ou seja, está como se estivesse dormindo ou inativo.

Provas da existência da alma dos animais

Mulheres, negros, índios e escravos

Até aqui falamos em alma dos animais, crendo que todos nós compartilhamos da mesma crença de que eles a possuam.

Mas e se não acreditar? Há provas da existência dela?

No início do século XX, Bozzano, um cientista italiano, que estudava os fenômenos do Espiritismo, escreveu um livro intitulado: *Os Animais Têm Alma?* A publicação dessa obra foi necessária para mostrar às pessoas que os animais possuem alma, pois muitos não acreditavam nisso, como nem todos ainda hoje acreditam. No entanto, na *Revue Spirit* de 1866 havia a seguinte chamada: "As mulheres têm alma?". Muitos não acreditavam que elas as tivessem, assim como os escravos, os índios e os negros. Não é preciso dizer que o orgulho os mantinha afastados da crença de que qualquer ser humano é igual a outro. Assim atualmente os animais estão passando por essa fase de quebra de sistemas de orgulho e os seres humanos estão começando a vê-los como possuidores de alma, inteligentes e que sentem, além disso, têm consciência de si e do ambiente em que vivem.

A aranha de Delanne

Em uma das reuniões de cunho científico das quais participou o cientista Gabriel Delanne, a médium que era testada notou quando um dos participantes da reunião pisou e matou uma aranha que passava pelo ambiente e disse:

"Posso ver o espírito da aranha evolar-se do seu corpo"?, ao notar que o espírito do aracnídeo separou-se do corpo físico emancipando-se dele.

A pessoa que pisou na aranha perguntou:

"Qual é a forma do espírito dessa aranha?" e a médium respondeu: "A mesma forma do corpo da aranha".

Essas palavras abriram uma discussão a respeito da existência ou não da alma dos animais.

A foca de Gambier Bolton

No livro *Ghost in solid,* o zoólogo Gambier Bolton descreve a experiência de materialização de uma foca, que faleceu dias antes sob seus cuidados. A aparição foi assistida por testemunhas sob rigoroso controle contra fraudes.

Manifestação pós-morte de animais de Bozzano

Bozzano descreve em seu livro *Os Animais Têm Alma?* o caso de um astrônomo que era dono de um cão da raça São Bernardo. O cão não era muito sociável e a mãe do astrônomo ameaçou matá-lo porque temia ser atacada por ele. Certo dia estava em seu escritório quando notou o aparecimento repentino do cão que deveria estar em casa. Notando que seu cão surgiu sob o batente da porta, imediatamente o chamou para perto de si. Tímido, o cão aproximou-se. Quando tentou tocá-lo, ele desapareceu diante de seus olhos. Ligando para casa, ficou sabendo que sua mãe acabara de mandar matar o animal.

Cães materializados de Franck Kluski

Franck Kluski publicou na revista de metapsiquismo, de agosto de 1921, um caso em que surgiu em uma sessão de materializações uma águia que foi inclusive fotografada.

O papagaio de Gambier

O cientista Gambier relata a materialização de um papagaio que vivia na casa onde foram feitos os experimentos antes de desencarnar. Ele repetia as mesmas palavras e frases que conhecia quando era encarnado.

Cão materializa-se e encontra seu dono

Um cão descrito também por Gambier materializa-se, encontra sua dona entre os assistentes e corre para ela. Aconchegando-se em seu colo, permaneceu até o término dos experimentos. Só então saltou do colo e desmaterializou-se, mas deixou alguns pelos presos na roupa de sua dona, confirmando que realmente esteve ali.

Colocados em uma caixa lacrada, após alguns dias eles começaram a diminuir de tamanho e desapareceram.

Desdobramento do corpo espiritual de animais encarnados

Quem já leu o livro *Todos os Animais Merecem o Céu,* deve se lembrar de uma passagem em que o cão Boris se desdobra para auxiliar seu dono que se encontrava em apuros. Para os menos crentes que os fenômenos espirituais podem ser reproduzidos com animais, parece incrível que isso aconteça, mas há relatos de pessoas que contam casos semelhantes.

Uma senhora contou-nos que a família toda presenciou seu cão, que dormia tranquilo, enquanto ele próprio se manifestava, materializando-se em desdobramento e punha um assaltante para correr de casa ao ser atacado pelo cão duplo. No livro de Carlos Bernardo Loureiro, *Fenômenos Espíritas no Mundo Animal,* ele cita o caso do escritor Nandor Fodor, cujo cão fora dado a uma pessoa antes que ele se mudasse da Europa para os Estados Unidos. O cão tinha o hábito de andar sobre as teclas do piano e certa noite ouviu-se as teclas sendo acionadas como ele fazia quando andava sobre elas. Todos de casa ouviram o som do piano e, indo verificar, notaram que a tampa estava abaixada.

Psiquismo nos reinos da Natureza

Algumas pessoas não creem que animais pensem, sintam ou se emocionem, mas os cientistas acreditam que psiquismo não é privilégio dos seres humanos. Experimentos indicam que seja atributo também de animais e não somente deles, mas também de plantas.

No reino vegetal

Hermínio C. Miranda em seu livro *Alquimia da Mente*, conta o caso de um estudo que demonstrou que plantas podem ter realmente psiquismo.

No experimento, elas foram conectadas a aparelhos polígrafos, conhecidos como detector de mentiras, nos quais são captadas discretas alterações eletromagnéticas. Nesse experimento algumas pessoas participariam e uma delas, que ninguém sabia quem era, deveria destruir uma das plantas na presença das demais. Elas eram as testemunhas. Ao trazer as pessoas próximas às plantas, elas não demonstraram nenhuma alteração eletromagnética, exceto na presença daquele que destruíra uma delas. Seria uma espécie de demonstração de medo. Esse experimento é importante para demonstrar que se até mesmo uma planta possui rudimentos de sentimentos, os animais devem possuí-los de modo mais abundante.

No reino animal

Existo. Logo, penso! Esse é o título de um periódico que comenta que os cientistas descobriram que os animais pensam.

De fato, os cientistas concluíram que os animais pensam.

A revista *Scientific American* – Agosto de 2004 – trouxe a seguinte manchete de capa: "Macacos-prego derrubam os dogmas sobre a evolução da inteligência". Nesse artigo, os cientistas descrevem que esses macacos que vivem no Brasil são tão inteligentes quanto os chimpanzés da África e transmitem cultura aos seus descendentes, isto é, eles ensinam aos seus filhos tudo o que aprenderam. Não se trata de instintos, mas, sim, inteligência.

A mesma revista publicou outro artigo sobre os saguis cabeça-de-algodão, que conversam entre si como faria um ser humano, mas em uma linguagem própria deles. Os cientistas conseguiram decifrar mais de 600 palavras.

Em documentário veiculado em um canal científico de televisão a cabo, citaram os lagartos da Ásia, que também se comunicam por sons que possuem vários significados, como se fossem palavras.

A Ciência vem provando o que o Espiritismo já pronunciou há muito tempo por intermédio da Codificação: animais são inteligentes, pensam e sentem.

INDIVIDUALIDADE DA ALMA ANIMAL

A alma-grupo

Muito se tem falado que os animais são seres que não possuem alma ou que, se possuem, faz parte de um "todo coletivo", negando suas individualidades como seres espirituais.

Aceitar que os animais são seres que não possuam alma ou que possuam uma alma sem individualidade é o mesmo que negar os preceitos espíritas e a justiça de Deus, pois:

"Os animais conservam depois da morte a sua individualidade". (Allan Kardec)

Essa tese de alma-grupo teria se iniciado na Antiguidade e depois foi absorvida pelos hindus. Em seguida foi introduzida em uma filosofia chamada teosofia, que surgiu em época próxima à Codificação Espírita.

Em relação a "alma-grupo", segundo o hinduísmo e a teosofia temos:

> *"Um animal durante sua vida no plano físico e durante algum tempo depois no plano astral tem uma alma tão individual e separada como a do homem. Mas quando o animal termina sua vida astral, não se reencarna em outro corpo, e sim retorna a uma espécie de reservatório de matéria anímica que chamamos de alma-grupo".*
> (C. W. Leadbeater – escritor teosofista – Os mestres e a senda)

Esse conceito de alma-grupo, que muitos Espíritas conhecem como o que foi exposto por Leadbeater (que é teosofista e não espírita), não condiz com a Doutrina Espírita, pois o Espiritismo assinala que os espíritos estagiários do reino animal são espíritos em evolução...

"Todos nós já nos debatemos no seu círculo evolutivo (dos animais)". (Emmanuel)

"Por ter passado pela fieira da animalidade, com isso o homem não seria menos homem e nem mais animal". (Allan Kardec)

"O princípio inteligente se individualiza e se elabora passando pelos diversos graus da animalidade". (Espírito de Verdade)

... que mantém sua individualidade na dimensão espiritual...

"Os animais conservam depois da morte a sua individualidade". (Allan Kardec)

... e que finalmente reencarnam.

"Somos espíritos que animaram animais de antes". (Emmanuel)

Não se tornam como se fosse uma gota de água no oceano e reencarnam seguidas vezes a fim de atingir o objetivo da evolução.

"598. A alma dos animais conserva após a morte sua individualidade e a consciência de si mesma"?

— "Sua individualidade, sim". (*O Livro dos Espíritos*)

"Se ela (a alma) não conservasse a individualidade, quer dizer, se ela fosse se perder no reservatório comum chamado grande todo, como as gotas de água no oceano, isso... seria como se não tivesse alma." (*Obras Póstumas*)

Individualização da alma dos animais

Mas se a alma dos animais já é individualizada, por que encontramos na Codificação o Espírito de Verdade falar em individualização do princípio inteligente?

Os animais seguem vários comportamentos padronizados para suas espécies. O Espírito de Verdade disse que uma ave sempre construirá o ninho do mesmo modo como faziam seus ancestrais, mesmo que nunca tenha sido ensinada a fazê-lo. Isso acontece por causa de uma ação instintiva ligada ao corpo e não ao espírito ou ao princípio inteligente que habita aquele corpo. À medida que o espírito, que estagia em um corpo animal, começa a agir por sua própria vontade, independente da vontade do corpo, isto é, usando o seu livre-arbítrio, e começa a agir de modo particular e diferente do seu grupo, esse começa a se individualizar, não como corpo, mas como espírito. Esse princípio inteligente começa a se diferenciar dos demais em termos de ações, que não são mais repetitivas e instintivas, mas por ações de sua própria vontade. À medida que se diferencia e pratica o seu livre-arbítrio, o espírito evolui e a cada reencarnação recebe um corpo mais apto a expor o potencial que adquiriu ao exercitar sua vontade independente.

O grande todo ou reservatório universal

Esse é outro conceito que foge dos conceitos espíritas.

Nessa tese encontramos que o espírito, ao desencarnar, perde sua individualidade e retorna para uma espécie de reservatório espiritual, onde seria como uma gota de água no oceano.

Nós sabemos que os espíritos que se comunicam o fazem de forma inteligente. Se não fossem individualidades, como se comunicariam? Então somente pelas comunicações o Espiritismo já apresenta um meio de quebrar esse sistema.

Repetimos aqui o que disse Allan Kardec:

"Se ela (a alma) não conservasse a individualidade, quer dizer, se ela fosse se perder no reservatório comum chamado grande todo, como as gotas de água no oceano, isso ... seria como se não tivesse alma (*Obras Póstumas*) e como foi dito que a alma dos animais sobrevive ao corpo, conclui-se que a alma dos animais também não se perde na existência desse suposto grande todo ou reservatório comum".

Como vimos nos conceitos a respeito de princípio inteligente, percebemos que ele é a individualização do "elemento inteligente universal", portanto já é um indivíduo desde sua criação, isto é, o princípio inteligente é individualizado desde o seu começo.

Deus cria incessantemente novos princípios inteligentes. Não foi uma criação que ocorreu em um determinado momento e deixou de acontecer:

"Deus sendo, por sua Natureza, de toda a eternidade, criou de toda eternidade, e isso não poderia ser de outro modo; porque a qualquer época longínqua que recuemos, em nossa imaginação, os limites supostos da criação, restará sempre, além desse limite, uma eternidade". (*A Gênese*)

"Deus (...) criou os seres espirituais de toda eternidade." (*A Gênese*)

Do átomo ao arcanjo

Átomo significa "aquilo que não é divisível" e não se refere exatamente aos átomos que formam os elementos químicos como conhecemos. Diz respeito à matéria cósmica universal que é a formadora das outras. E ainda se refere à menor partícula individualizada, ou seja, o princípio inteligente individualizado da matéria inteligente do Universo.

Essa expressão define a evolução dos seres espirituais desde sua criação como uma partícula ínfima, que abriga o espírito simples e ignorante até seu estágio mais elevado, em que alcança o máximo de uma perfeição relativa.

O que a Codificação Espírita diz a respeito?

> *"A imensa fornalha atômica estava habilitada a receber as sementes da vida e sob o impulso dos gênios construtores."*
> (André Luiz – Evolução em Dois Mundos)

Quando o nosso planeta se formou era inóspito à vida orgânica, mas à medida que esfriou, sob os cuidados dos espíritos elevados, ocorreram as condições de ela se manifestar.

Quando esfriou, formou-se um aglomerado orgânico disforme e aparentemente caótico. Mas a organização determinada pela espiritualidade superior conduziu os princípios inteligentes introduzidos no planeta a esses elementos com os quais, se associando, manifestaram-se na Terra.

> *"Dos corpos inorgânicos... foi... o primeiro degrau."*
> (A Gênese)

O primeiro degrau evolutivo em nosso planeta deu-se a partir dos minerais, isto é, ocorreu desde a formação do planeta, quando ele era uma bola incandescente feita de material quentíssimo.

> *"Da formação dos primeiros seres vivos pode-se deduzir, por analogia, da mesma lei segundo a qual se formaram e se formam todos os dias corpos inorgânicos."* (A Gênese)

A mesma lei que determinou o surgimento dos primeiros seres inorgânicos também determinou o surgimento dos primeiros seres orgânicos.

"Sendo filhos do mesmo Pai, são objetos de uma igual solicitude, que não há nenhum mais favorecido, ou melhor dotado que outros..."

Deus dá a toda a Sua criação a mesma importância (lei de igualdade), não favorecendo nenhuma em particular. Se não fosse assim, criaria um desequilíbrio no Universo. Um erro na criação seria impossível, pois Deus é a perfeição absoluta. Nada escapa de Sua organização, desde o menor ao maior no Universo.

"O espírito não recebe a iluminação divina que lhe dá à consciência a noção de seus altos destinos, sem ter passado pela série divinamente fatal dos seres inferiores, entre os quais se elabora, lentamente, a obra de sua individualidade; é somente a partir do dia em que o Senhor imprime sobre sua fronte o Seu augusto tipo que o espírito toma lugar entre as Humanidades."

Desde que o princípio espiritual é criado, tende a evoluir, passando pelos mais diversos graus e fases de aprendizado nos mais variados reinos da Natureza antes de chegar à condição de Humanidade e seguir em frente, à perfeição relativa ou à unidade.

"Todas as almas têm a mesma origem e são destinadas ao mesmo fim. A todos o Supremo Senhor proporciona os mesmos meios de progresso, a mesma luz, o mesmo amor."

De acordo com a lei de igualdade, todos os seres recebem a mesma atenção de Deus e por consequência as mesmas condições de progresso. O mais ínfimo ser chegará à condição de perfeição relativa algum dia.

"O princípio inteligente, distinto do material, individualiza-se, elabora-se passando pelos diversos graus da animalidade; é aí que a alma ensaia para a vida e desenvolve suas primeiras faculdades pelo exercício; seria o tempo de incubação."

O princípio inteligente, independente do envoltório físico, evoluirá e passará pelos mais diversos reinos da Natureza e por todas as situações que lhe proporcione aprendizado. Passará pelas fases inferiores e pelas faixas da animalidade, nas quais exercitará para se tornar apto a entrar na fase de Humanidade.

> *"Tendo criado de toda eternidade e criando sem cessar, de toda eternidade (o ser espiritual) também terá de alcançar pontos culminantes da escala."*
> (A Gênese)

A Terra não é o centro do Universo e nem é um mundo que existe de toda eternidade, e como Deus cria de toda eternidade, mundos existiam antes e existirão depois do nosso. Princípios inteligentes foram criados desde eternamente e continuam a ser criados eternamente. Por isso existem seres espirituais nos mais diversos graus de evolução no Universo. Há desde o recém-criado até os seres de mais elevada graduação espiritual, como os anjos.

"Uma vez que os elementos constitutivos dos seres orgânicos são os mesmos dos inorgânicos, que vêm incessantemente... formar pedras, plantas, frutos, pode-se concluir disso que os corpos dos primeiros seres vivos se formaram como as primeiras pedras, pela reunião das moléculas elementares em virtude da lei de afinidade."

Aqui o Espírito de Verdade refere-se aos corpos físicos orgânicos e não ao espírito. Ele nos ensina que os corpos dos seres orgânicos são formados pelos mesmos elementos dos seres inorgânicos, pois os corpos orgânicos são formados basicamente por apenas seis elementos químicos combinados de diferentes modos.

Livre-arbítrio

> *"Os animais têm livre-arbítrio? — Não são simples máquinas, como supondes, mas sua liberdade de ação é limitada pelas suas necessidades."*
> (O Livro dos Espíritos, p. 595)

Como animais selvagens, os seres que se abrigavam nesses corpos poderiam não querer se associar aos seres mais aptos a sobreviverem no planeta primitivo de épocas pré-históricas, mas aceitou o convívio próximo por sua livre vontade. Os animais aceitaram conviver conosco por utilizar seu livre-arbítrio.

> *"No estado primitivo (...) esses traços desaparecem com o desenvolvimento do livre-arbítrio.*
> *Os primeiros progressos se realizam lentamente, porque não são ainda secundados pela vontade, mas seguem uma progressão mais rápida, à medida que o espírito adquire consciência mais perfeita de si mesmo."* (O Livro dos Espíritos, p. 609.)

Todos os animais possuem livre-arbítrio, isto é, têm liberdade de escolher, mas sua liberdade é restrita ao seu meio de sobrevivência. As escolhas que fazem estão relacionadas a fatos e consequências imediatas ligadas à vida material. Uma ameba, um ser unicelular, pode escolher absorver uma determinada substância nutritiva ou outra. Um predador pode escolher entre uma e outra presa; uma presa pode escolher escapar do predador usando um ou outro método de fuga; um cão pode escolher entre comer uma ou outra ração que tenha preferência; um cavalo ou um muar escolhe entre empacar ou trabalhar; e assim por diante, mas à medida que exercitam seus potenciais intelectuais podem fazer escolhas cada vez mais complexas, como foi o caso de uma cadelinha africana que, tendo encontrado uma criança recém-nascida, abandonada na estrada, escolheu arrastá-la até onde estavam seus filhotes e a amamentou até ser salva por pessoas que a encontraram. Em outro caso, uma cadelinha de porte pequeno escolheu arriscar a própria vida para salvar a de seu dono, um senhor de 80 anos, que foi atacado por outro cão maior. Ela o defendeu contra um animal maior, indo contra sua Natureza instintiva de sobrevivência que diz a ela para se afastar de um animal que a ponha em risco de morte. Dellanne conta o caso de um cão que, notando que alguém se afogava, escapou de sua coleira e saltou dentro do lago para salvar a criança em perigo.

Para tomarem as decisões que os animais desses exemplos tomaram, não podemos dizer que foram meramente atos instintivos, pois foram ações que contrariam seu instinto de sobrevivência. Foram atos pensados e conscientes.

CONSCIÊNCIA

Os animais têm consciência e personalidade?
A homeopatia é uma ciência que se baseia na cura pelos semelhantes. Semelhante cura semelhante. Assim, para curar um animal que adoeça, usando a homeopatia, o médico deverá conhecer a personalidade do doente para atribuir-lhe esse ou aquele medicamento. Portanto, para que seja encontrado o medicamento adequado para aquele paciente (animal ou humano) é necessário analisar a sua personalidade. Só depois é receitado o medicamento. Se um animal se cura com base na homeopatia é porque possui uma personalidade própria como indivíduo, senão não agiria no paciente. Então os animais têm personalidades distintas, portanto são diferentes uns dos outros.

Eles possuem, mesmo em fases primitivas de sua existência, sinais que demonstram ter sentimentos que vão além dos instintos.

Na Codificação *(O Livro dos Médiuns)* encontramos no capítulo referente à mediunidade em animais Erasto comentando sobre a inteligência e personalidade dos animais:

> *"Reconheço perfeitamente que entre os animais existem... sentimentos paixões idênticas às paixões e sentimentos humanos."*
> (O Livro dos Médiuns – Erasto)

Está bem claro aqui que o Espírito de Erasto reconhece que os espíritos estagiários nas diversas fases da animalidade possuem inteligência e consciência suficiente para manifestarem seus sentimentos e desejos, que se assemelham aos dos humanos.

> *"(os animais) são sensíveis, vingativos e, muitas vezes, odientos."* (O Livro dos Médiuns – Erasto)

Erasto percebe em alguns animais manifestações de sentimentos que o desagradam, mas de fato os reconhece como portadores de sentimentos e inteligência.

> *"No reino animal caminha para a condição, à feição da crisálida, movimenta-se em todos os tons do instinto, no reino da inteligência, objetivando a conquista da razão, sublimada pelo discernimento."*
> (Alvorada do Reino – Emmanuel).

Aqui Emmanuel faz uma comparação entre o desenvolvimento da inteligência do espírito que estagia na fase animal com a crisálida de um inseto que amadurece e se torna um indivíduo completo após passar por aqueles períodos de aprendizado.

> *"São eles nossos parentes próximos, apesar da teimosia de quantos persistem em não reconhecer."*
> (Emmanuel (livro) – Emmanuel)

> *"Animais possuem não apenas instinto, mas também inteligência e sensibilidade."* (Delanne)

> *"A alma animal é da mesma Natureza que a humana, apenas diferenciada no desenvolvimento gradativo."* (Delanne)

A única diferença entre os animais e nós como seres espirituais em evolução está no tempo de existência e na forma de nos manifestarmos aos nossos interlocutores. Um animal terá dificuldade em se comunicar conosco, assim nós com eles. Mas isso não significa que não nos entendam ou que sejam estúpidos. O problema é de comunicação. Assim que se estabelecer um meio eficiente de nos comunicarmos com eles, logo perceberemos como são inteligentes e capazes. Não é porque não entendemos o que diz um estrangeiro que os consideraremos estúpido.

Existem muitas provas de que os animais são mais inteligentes do que a maioria de nós crê.

INTELIGÊNCIA NOS ANIMAIS

> *"Se comparamos o homem e os animais, em relação à inteligência, parece difícil estabelecer a linha de demarcação, porque certos animais têm, nesse terreno, notória superioridade sobre certos homens."*
> (Allan Kardec)

Os animais demonstram ter inteligência e sentimentos que até não muito tempo eram considerados como atributos de seres humanos somente. A Ciência vem mostrando traços de sentimentos elevados de inteligência em animais que estão deixando as pessoas pensativas sobre serem ou não os animais inteligentes.

A Ciência mostra que as formigas, abelhas, pássaros, roedores, golfinhos, cavalos, elefantes e muitos outros animais são inteligentes a seu modo.

Um dos casos mais interessantes se refere aos cavalos de Elberfeld.

Na Alemanha do fim do século XIX, um senhor que acreditava que seus cavalos eram inteligentes ensinou a eles um código de "raps" ou seja, de batidas, como o que fez o espírito no episódio das Irmãs Fox.

Uma vez aprendido esse método, seu dono, Karl Krall, conversava com seus cavalos como se conversasse com uma pessoa e obtinha deles respostas inteligentes e ponderadas como se fossem pessoas.

Não satisfeito com a capacidade de seus animais em se comunicarem com ele, ensinou-lhes as quatro operações básicas de Matemática, que aprenderam facilmente.

Complicando ainda mais, ensinou-lhes raiz quadrada, que aprenderam a resolver com facilidade. Depois ainda aprenderam a tirar raiz cúbica e quarta de números com mais de seis dígitos.

Em 2002 um corvo (de nome Bete) provou aos cientistas ser capaz de confeccionar objetos que servem de artefatos ou instrumentos para facilitar algum trabalho. Até essa data pensava-se que somente os seres humanos eram capazes de construir ferramentas.

O corvo, utilizando-se de um arame, construiu um gancho com o qual retirou o pedaço de carne colocado no fundo de um tubo de ensaio por um cientista.

Existe um orangotango que é uma espécie de provador de eficiência de jaulas para animais. A habilidade desse orangotango em encontrar meios de fuga é tão grande que se ele não conseguir fugir é porque a jaula é eficiente, pois ele consegue escapar de quase todas em que é colocado.

No livro de Cairbar Schutel, *Gênese da Alma*, ele cita um cão chamado Rolf, que era também um dos animais matemáticos conhecidos da Ciência. Era capaz de resolver problemas matemáticos complexos que estudantes secundaristas apresentam dificuldade em resolver.

Um gorila, fêmea, chamada Koko, tinha um filhote que acabou falecendo. Desolada, entrou em estado de depressão e não queria mais "conversar" com ninguém. Conversar? Sim, conversar. Koko conhece a linguagem das mãos usada por surdos-mudos e consegue comunicar-se perfeitamente com os cientistas que a ensinaram. Prova disso está no fato de que, ao perder o filhote, depois de algum tempo pediu aos cientistas que lhe dessem um gatinho para adotar e cuidar como se fosse seu.

Uma fêmea de bonobo, ou chimpanzé anão, estava aprendendo a usar um teclado em que cada tecla reproduzia uma frase ou uma palavra com voz humana. Ela aprendeu a usar o teclado e por ele pedia coisas e respondia o que lhe perguntavam. A surpresa foi quando notaram que seu filhote também aprendeu a usar o teclado sem que os cientistas tivessem ensinado. Ele aprendeu só observando a mãe.

No Brasil um cientista usa método semelhante em cães que pressionam uma tecla para expressar sua vontade e suas respostas são surpreendentemente inteligentes.

Como podemos perceber, a inteligência dos animais não é algo que possamos atribuir a um acaso ou à ação dos instintos, pois esses não poderiam fazer um animal usar a linguagem das mãos dos surdos-mudos.

Uma senhora nos enviou uma história vivida por ela: certa vez, ia a uma padaria e no meio do trajeto foi interceptada por um passarinho que fazia voos rasantes sobre ela e piava tentando chamar a sua atenção. Sem entender o que queria o pássaro, ela continuou no seu caminho. Na volta, o pássaro retomou seus voos rasantes e, quando pousava, pulava em uma direção e olhava para trás como se a estivesse chamando. Ela resolveu seguir o passarinho e foi levada a um local sem saída onde havia uma parede. A ave voou até um pequeno orifício e piou forte como se estivesse explicando o que queria. A senhora olhou através do orifício e percebeu que havia vários pássaros presos ali. Com cuidado, ela quebrou a borda do orifício e os pássaros puderam sair voando. Provavelmente eram filhotes que nasceram ali e depois que cresceram não conseguiram sair. O jeito foi a mãe conseguir ajuda para libertá-los. E conseguiu.

Campos mórficos de Rupert Sheldrake

A Ciência comprovando as capacidades mentais dos animais

Os animais possuem poderes mentais maiores do que podemos imaginar.

Quem não se lembra dos grandes *tsunamis* ou ondas gigantes que atingiram a região da Ásia no fim de 2004? Foi noticiado em todos os jornais que milhares de pessoas morreram, mas não foram encontrados corpos de animais. Por quê? Porque os animais possuem uma característica mental que nós, os humanos, temos em pequena escala. Eles são capazes de captar campos eletromagnéticos com facilidade e qualquer pequena alteração é interpretada facilmente. Assim, eles são capazes de captar nossos pensamentos e sentimentos, bem como alterações do campo eletromagnético do planeta. Antes mesmo de as ondas se formarem, os animais já estavam em fuga.

Momentos antes de uma erupção vulcânica, as aves voam para locais seguros, mesmo quando não há qualquer registro nos aparelhos projetados por humanos com a finalidade de prever as erupções ou terremotos.

Por isso, os serviços de meteorologia estão utilizando a observação dos animais também, como meio auxiliar de previsões de terremotos e *tsunamis*.

Pelos campos mórficos descritos pelo cientista britânico Rupert Sheldrake, *Os Animais Sabem Quando Seus Donos Estão Chegando* (esse é o título do livro dele). Eles preveem quando seus donos telefonarão para casa mesmo quando ninguém sabia que receberiam a ligação.

Cairbar Schutel conta, em seu livro *Gênese da Alma,* o caso de uma gatinha que recolheu todos os seus filhotes para dentro de um abrigo antibomba momentos antes de a casa de sua dona ser varrida por uma bomba.

Nesse mesmo livro ele descreve o caso de um cão obstinado em encontrar seu dono que batalhava no *front* em plena Primeira Guerra Mundial. Metendo-se no meio da batalha, correu centenas de quilômetros depois de atravessar, a nado, o canal da Mancha, que separa a França, da Inglaterra.

Como podemos perceber, os animais possuem capacidades que superam as nossas preconceituosas expectativas.

Animais na Espiritualidade

Erraticidade

"A alma do animal, sobrevivendo ao corpo, fica num **estado errante**, como a do homem **após a morte**? — Fica numa espécie de **erraticidade**, pois não está unida a um corpo. Mas **não é** um **espírito errante.** O espírito errante é um ser que pensa e age por sua livre vontade; o dos animais não tem a mesma faculdade. É a consciência de si mesmo que constitui o atributo principal do espírito. O espírito do animal é classificado após a morte, pelos espíritos incumbidos disso, e utilizado quase imediatamente: não dispõe de tempo para se pôr em relação com outras criaturas." (*O Livro dos Espíritos,* p. 600)

> "No mundo dos espíritos não há espíritos errantes de animais, mas somente espíritos humanos."
> (O Livro dos Médiuns, p. 283)

Algumas pessoas se apegam a essas questões para dizer que não há animais no Mundo espiritual e que os autores espirituais como André Luiz e Emmanuel se equivocaram ao descrever a presença de animais nas colônias.

Primeiramente é preciso entender o que é "erraticidade" e o que significa a palavra "errante".

Erraticidade: Período que compreende o intervalo entre uma e outra reencarnação.

Errante: É a condição do nômade. No caso é a condição de um espírito que exerce sua liberdade de escolha para ir e vir dentro da dimensão espiritual de maneira como aprouver.

Portanto não há realmente espíritos errantes de animais no Mundo espiritual, mas estão na erraticidade.

Não permanecem em estado errante, pois não possuem, ainda, essa liberdade. Os espíritos dos animais ficam sob a tutela de outros que se incumbem deles.

Isso em hipótese alguma, significa que os animais não fiquem no mundo espiritual enquanto aguardam o momento de reencarnarem.

Por isso o Espírito de Verdade disse:

"(A alma de um animal) Fica numa espécie de **erraticidade**, pois não está unida a um corpo. Mas **não é** um **espírito errante**".

Um cientista que estuda os fenômenos de transcomunicação instrumental recebeu uma imagem vinda da dimensão espiritual na qual, em primeiro plano, havia uma imagem humana, mas em segundo plano havia um lago e patos nadando. Isso indica a presença de animais na dimensão espiritual comprovadamente.

Por isso encontramos nos livros de André Luiz, por exemplo, citações sobre animais no Mundo espiritual:

> *"Aves de plumagens polícromas cruzavam os ares e de quando em quando pousavam agrupadas nas torres muito alvas, a se erguerem retilíneas, lembrando lírios gigantescos."*
> (André Luiz – Nosso Lar)

> *"Os cães são auxiliares preciosos nas regiões escuras do umbral."* (André Luiz – Nosso Lar)

> *"Animais que mesmo de longe pareciam iguais aos muares terrestres."* (André Luiz – Nosso Lar)

MEDIUNIDADE NOS ANIMAIS

O que são médiuns?
A palavra médium significa aquele que é um intermediário, então é todo aquele capaz de intermediar uma ação. No caso de espiritualidade, é aquele capaz de intermediar a comunicação entre as duas dimensões.

O que é mediunidade?
É o atributo do médium, isto é, a ação intermediadora do médium, que recebe as impressões colhidas de uma dimensão e as transmite para outra, de forma inteligível, aos que deverão receber o resultado dessa comunicação ou intermediação.

Para que um médium seja intermediário das comunicações com os espíritos, é necessário que ocorra uma sintonia mental entre as partes para que o espírito comunicante encontre um arquivo mental compatível com a comunicação que pretende.

"Sabeis que tomamos ao cérebro do médium os elementos necessários para dar ao nosso pensamento uma forma sensível e compreensível para vós; é com a ajuda dos materiais que possui que o médium traduz nosso pensamento na linguagem vulgar; pois bem! Que elementos nós encontraríamos no cérebro de um animal? Há palavras, nomes, letras, sinais quaisquer similares àqueles que existem entre os homens, mesmo os menos inteligentes?"

Erasto afirma que os animais não possuem arquivos mentais e energias compatíveis com as comunicações com seres humanos e que seria inviável a ocorrência dessas comunicações tendo como intermediários os animais.

Erasto afirma que a energia humana é perniciosa aos animais.

Para ilustrar, o autor conta o caso de um cão que foi "magnetizado" por seu dono e morreu fulminado como se fosse atingido por um raio.

Os animais podem ser médiuns?

Em tese sim.

Kardec não parece convencido ao expressar-se nesse trecho a seguir, retirado de *O Livro dos Médiuns,* dando a impressão de crer na possibilidade de animais poderem ser médiuns:

> *"Seja como for em relação às experiências acima (adestramento dos animais e prestidigitação), a questão principal não ficou menos intacta em relação a um outro ponto de vista; porque do mesmo modo que a imitação do sonambulismo (transe mediúnico) não impede a faculdade de existir, a imitação da mediunidade por meio de pássaros não provou nada contra a possibilidade de uma faculdade análoga entre eles ou outros animais... parece-nos bastante lógico supor que um ser vivo, dotado de certa inteligência, seja mais apropriado para esse efeito do que um corpo inerte, sem vitalidade, como uma mesa, por exemplo."* (O Livro dos Médiuns)

No início da campanha dos Espíritos, eles usaram mesas que giravam e flutuavam e produziam sons para efetivarem comunicações com encarnados, no entanto as mesas não eram exatamente médiuns. Eram apenas instrumentos usados pelos espíritos que, com ajuda de material mediúnico retirado dos médiuns, conseguiam estes efeitos físicos.

No livro *10 Claves em Parapsicologia*, citado por Carlos Bernardo Loureiro no livro *Fenômenos Espíritas no Mundo Animal*, encontramos citações sobre um caso de mediunidade em animais em que um periquito serviu de intermediário da comunicação.

Um casal vivia na Alemanha e, em 1971, ocorreu o falecimento da filha Bárbara.

Meses depois da morte da filha, o periquito começou a falar. Inicialmente falou com voz masculina e dava notícias da filha falecida.

Depois de algum tempo, a própria Bárbara começou a se comunicar por intermédio da ave.

Algumas vezes o pássaro se comunicava com vozes desconhecidas em outros idiomas como o russo, francês, inglês e outros idiomas desconhecidos do casal.

Estudos realizados pelo cientista dr. Konstantin Raudive demonstraram que os fenômenos eram autênticos, descartando a possibilidade de alguma fraude.

Enquanto o periquito mantinha-se em transe, não respondia a estímulos exteriores.

Em 17 de agosto de 1974, o periquito morreu e o casal adquiriu outro que, em pouco tempo, começou a entrar também em transe e fazer comunicações.

Como citamos anteriormente, os animais têm uma capacidade grande de captar pensamento; capacidade premonitória (caso da gatinha que previu um bombardeio).

Uma médium recebeu a comunicação de um espírito que afirmou que se comunicaria por meio de uma gata. Pediu que fosse colocado um papel esfumaçado em uma caixa fechada em que a gata estivesse também. Ao abrirem a caixa encontraram as letras escritas pela pata da gata: "vitt". O espírito prometeu que a gata escreveria "Vittorio".

Portanto, concluímos que os animais podem ser médiuns, mas não seria uma maneira prática de comunicação, pois os espíritos teriam de agir de modo mais trabalhoso e com resultados menos confiáveis e menos objetivos.

Seria mais fácil e mais interessante a utilização de um médium humano.

De qualquer modo, o exemplo de Butchi, do periquito e da gatinha chamada Macaca são indicativos de que podem ser médiuns, sim.

Um estudo sobre a evolução

Alma

A palavra alma vem do latim "anima". Quando se fala em evolução anímica, se fala em evolução da alma ou do espírito. Desde a nossa criação como seres espirituais ou princípios inteligentes passamos, ou nossa alma ou espírito passa, pelas fases evolutivas até atingir a fase atual e continuaremos nossa evolução infinitamente.

Na Codificação há muitas citações sobre a alma e sobre a evolução dela, dando a entender, algumas vezes, que a alma dos animais e dos humanos seguem caminhos evolutivos diferentes, mas como podemos encontrar também na Codificação, "todas as almas têm a mesma origem" (não importa se animal ou vegetal ou de outros seres ainda inferiores). Então, a evolução da alma ou do espírito passa por todas as fases até alcançar a perfeição relativa.

> *"O progresso é a condição normal dos seres espirituais e a perfeição relativa o objetivo que devem alcançar."* (A Gênese)

Todo ser espiritual foi criado para evoluir e alcançar a perfeição relativa, isto é, perfeição relativa porque não se poderá chegar à perfeição absoluta que seria Deus. Não podendo haver mais que um único Deus, a perfeição se aproxima Dele, mas não se tornará como Deus.

"Por ter passado pela fieira da animalidade, com isso o homem não seria menos homem. Não seria mais animal como o fruto não é a raiz, como o sábio não é o feto informe pelo qual começou no mundo."

Desde que foi criado por Deus, o princípio inteligente evolui, passando por fases de aprendizado, inclusive pela fase animal antes de atingir o patamar de Humanidade. Pelo fato de ter passado por fases inferiores, o ser humano não se torna inferior. Ao contrário, deve sentir-se feliz por conseguir atravessar os entraves evolutivos do caminho.

Como foi dito: A Natureza não dá saltos. Por isso, desde que fomos criados simples e ignorantes passamos por fases nos reinos mineral, vegetal e animal de escalas inferiores antes de tornarmos à Humanidade e continuaremos no decorrer dos milhares de reencarnações evoluindo lentamente, de estágio em estágio até atingir os pontos altos da perfeição.

"O homem poderia deduzir, ele mesmo, [...] que todos têm um mesmo ponto de partida; que todos são criados simples e ignorantes com igual aptidão para progredir..." explica a lei de igualdade.

O CASO DO ACASO

Como sabemos, por ser um conjunto de acontecimentos fortuitos, o acaso não é capaz de produzir resultados que não sejam também fortuitos. A evolução, portanto, não pode estar relacionada ao acaso, mas, sim, a uma causa inteligente.

Algumas pessoas dizem que os seres humanos são perfectíveis e os animais não são perfectíveis, no entanto na Codificação encontramos:

> *"Os animais seguem uma lei progressiva como os homens? – Sim."* (O Livro dos Espíritos, p. 601)

O ser humano, depois de passar por um longo aprendizado nas faixas inferiores da evolução, adquiriu uma maior liberdade de ação para seu arbítrio e passou a ser responsável pela sua própria evolução espiritual. No caso dos animais, isso ainda não aconteceu. Para evoluírem, eles precisam ser tutorados e orientados nesse sentido por espíritos evoluídos, incumbidos disso. Para eles não há escolha. Não podem escolher querer ou não seguir o caminho da evolução, pois são levados a isso sob orientação superior, mesmo que não saibam. Por isso o Espírito de Verdade disse que a alma dos animais evolui por forças independentes de sua vontade:

> *"Os animais progridem como o homem, por sua própria vontade, ou pela força das coisas? – Pela força das coisas..."* (O Livro dos Espíritos, p. 602)

A Ciência baseia-se, para explicar a evolução, em uma condição: o acaso. Ela considera a única forma de explicar o surgimento de novas características em animais que se tornam mais aptos a novas condições ambientais. Segundo ela, o acaso determina efeitos tão inteligentes e sincrônicos que à primeira vista nos fazem pensar na impossibilidade da hipótese, mas como não dispõe de outras teses que explique a evolução, por estar ainda dissociada das teses espirituais, a aceita como meio explicativo.

O acaso, por definição, é um conjunto de eventos independentes entre si que, por leis ignoradas, determinam um acontecimento qualquer.

Como sabemos, um efeito inteligente somente pode ocorrer se houver uma causa inteligente que o criou. O surgimento, por exemplo, de uma característica que torne um animal mais apto a sobreviver que outro, que mantém as mesmas características antigas exatamente do modo que o posicionem em vantagem em relação aos seus concorrentes pela sobrevivência, se fosse originado por uma força não inteligente, o efeito teria a mesma característica de não inteligência, mas a característica surge no momento certo, quando ela é mais necessária.

Quais seriam as chances de surgirem características importantes no momento certo em um determinado local onde fosse necessário o surgimento dessa característica?

Se for ao acaso, nenhuma. Se não for zero, a probabilidade que tende a zero, ou seja, é infinitamente pequena.

Imaginemos um tubo transparente no qual existem milhões de bolas numeradas colocadas em uma sequência lógica. Qual a possibilidade de, sendo esvaziado este tubo em um recipiente no qual pudessem ser misturadas e recolocadas, ao acaso, por meio de um funil, que as bolas caiam na mesma ordem que estavam anteriormente? E, ainda, quais as possibilidades disso ocorrer sempre, isto é, cair sempre nas posições idênticas às anteriores aos repetidos esvaziamentos? Para dificultar ainda mais, imagine isso ocorrendo ao mesmo tempo em outros tubos. Se as chances de se repetirem as mesmas ordens em um mesmo tubo é praticamente zero, que dirá de vários tubos simultâneos se rearranjando do mesmo modo?

Se as bolas caíssem sempre nas mesmas posições, então não seria ao acaso, pois teria uma lógica. O acaso não tem lógica. Se caíssem de forma sequencial, teria sido orientada por uma força inteligente, então não seria acaso.

O darwinismo explica a evolução das espécies por meio de eventos casuais, bem como a teoria neodarwinista, que associa o darwinismo à genética. Nas teorias neodarwinistas os rearranjos genéticos ocorreriam como no exemplo que demos do tubo transparente. As chances de que as moléculas do material genético se modulassem ao acaso, para que a nova característica surgisse, seriam praticamente nulas.

Por isso é que o acaso como meio de explicar a evolução é uma teoria descartada.

A Codificação nos diz que as espécies semelhantes, no decorrer da evolução, foram surgindo ao mesmo tempo e em vários locais simultaneamente:

> *"Tudo concorre para provar que houve criação simultânea e múltipla... "[...] germinando simultaneamente em diferentes lugares."*
> (A Gênese)

Deus provê as condições para que essas características surjam nos momentos adequados e por motivos certos e são introduzidos no mundo físico para o surgimento de corpos mais aptos a darem vazão ao potencial do espírito que exige novos corpos mais condizentes com sua nova condição. E isso ocorre "pelos espíritos incumbidos disso". (*O Livro dos Espíritos*, p. 600)

Progresso

A lei do progresso

A lei do progresso é uma lei divina que determina que todos os seres tenham condições de se desenvolver como seres espirituais e possam atingir graus elevados de consciência, inteligência e moral.

O progresso se dá com mais intensidade quando ocorre no mundo físico. Para que isso aconteça, é fator determinante a existência de corpos físicos para que o ser espiritual possa manifestar-se nessa dimensão.

Os corpos, ao longo da evolução, são substituídos à medida que o ser espiritual se elabora e necessita de corpos mais aptos às novas condições do espírito. Pois, sendo melhor, poderia manifestar tudo o que aprendeu nas encarnações anteriores e deseja praticar.

> *"O corpo é envoltório e instrumento do espírito e à medida que adquire novas aptidões ele reveste um novo envoltório apropriado."* (A Gênese)

À medida que o ser espiritual evolui ou progride, seu potencial exige novos corpos mais adequados a sua condição cada vez mais elevada.

A marcha do progresso é sempre para a frente e nunca retrógrada, por isso a tendência de um ser espiritual que estagia na fase animal como selvagem é que, nessa fase, seu potencial intelectual seja bem explorado. Para tanto deve ser colocado próximo a um ser espiritual mais experiente: o ser humano. Por isso, os animais se associam a nós, humanos. Somos tutores e professores dos animais domésticos.

Animais domésticos

A associação dos animais domésticos com os seres humanos remonta a milhares de anos.

Os cães foram os primeiros a se associarem a nós, em uma condição comensalista, isto é, teriam benefícios mútuos. Ambos se ajudariam.

Achados arqueológicos mostram terem sido as mulheres que introduziram os cães no convívio com os seres humanos. Inicialmente amamentaram filhotes de lobos e os criaram próximos dos seres humanos e acabaram adaptando-se à convivência com essa espécie. Era um convívio de trocas mútuas. Um oferecia alimento e proteção contra as condições desfavoráveis do tempo, dando abrigo. O outro oferecia proteção contra invasores, dando alarme e auxiliando nas caçadas, nas quais dividiam os resultados.

A primeira associação com os canídeos ocorreu há cerca de 12 mil anos (alguns dizem que isso aconteceu bem antes: 40 mil anos atrás). À medida que os cães foram se tornando mais caseiros ou domesticados, seus corpos foram se modificando para adaptar-se ao novo patamar evolutivo do espírito que abrigava. Sendo mais sociáveis, era necessário que corpos mais sutis se formassem para abrigar esses espíritos mais evoluídos que os lobos: os cães. Surgiram diversas espécies que se acasalavam produzindo diferentes raças, como se vê ainda hoje.

Os felinos associaram-se aos humanos, há cerca de 9 mil anos, para serem caçadores de ratos e outros pequenos animais e, à medida que a civilização avançou, as populações desses e dos cães explodiram, pois as condições de vida melhoraram e praticamente os afastaram de sua Natureza selvagem definitivamente.

Os bovinos, caprinos, ovinos e equinos associaram-se aos seres humanos há cerca de 5 mil anos e fizeram modificar a História da Humanidade. De fato, o cavalo foi um dos pivôs da evolução da Humanidade. As conquistas ficaram na dependência do mutualismo com esses animais, que trabalhavam também, como os cães, em troca de abrigo e proteção. Os cavalos são animais dóceis e facilmente abatidos por predadores, apesar de sua grande massa, pois abrigam seres espirituais mais evoluídos e sociais, avessos à agressividade.

TODOS OS ANIMAIS SÃO NOSSOS AMIGOS?

O que determina que duas pessoas sejam irmãs?

Ter o mesmo pai e a mesma mãe é uma das opções. Do ponto de vista universalista, nosso semelhante (humano) é nosso irmão, assim como os animais, as plantas, os minerais e tudo o mais que há no Universo, porque tudo que existe tem a mesma origem.

Deus é eterno porque existe de toda a eternidade. Se assim não fosse, não seria Deus, pois teria sido criado por alguma força anterior a Ele e então esse outro é que seria Deus.

Deus é eterno e cria incessantemente. Fomos criados por Deus, assim como os animais, portanto, somos irmãos por termos o mesmo Pai.

O Universo existe desde sempre, mas o nosso planeta é uma criação recente. Talvez tenha 4 ou 5 bilhões de anos. A Terra é apenas uma criança em termos astronômicos.

Se nosso planeta tivesse sido criado há apenas 1 ano, os animais teriam sido colocados aqui há apenas 1 semana, as plantas há 10 dias; as primeiras células há 45 dias, os primeiros seres primitivos há 60 dias. E os seres humanos? Esses foram os últimos a chegar. Os mais primitivos chegaram há menos de 24 horas e nós, os homens mais modernos, chegamos há apenas 4 minutos. Jesus nasceu há 4 segundos. A Codificação Espírita tem menos de ½ segundo.

Como era a Terra há um ano (nessa comparação)?

A Terra era um imenso forno onde somente existiam gases venenosos a qualquer tipo de vida orgânica. A Terra precisou de 10 meses para se preparar e receber as primeiras formas de vida orgânica.

Do ponto de vista físico, dizer que os animais são nossos irmãos mais novos é um contrassenso. Desse ponto de vista universalista, nós é que somos os irmãos mais novos dos animais.

Eles chegaram antes de nós. Estão aqui há 1 semana e nós que chegamos há apenas 4 minutos já os desdenhamos, impondo que nos sirvam. Dizer que os animais existem somente para nos servir é outro engano ainda maior, pois o ser humano não é o centro do Universo, somos parte dele, assim como tudo o que foi criado por Deus.

Apesar de todo nosso orgulho e pretensão de querer ser uma criação à parte, o Universo não é nosso e nem os animais e por sermos apenas parte dele é que o Espírito de

Verdade observa em *O Livro dos Espíritos* que em nenhum lugar está escrito que o Homem pode abusar dos animais. Lembrando que o Universo (naquela comparação de 1 bilhão = 1 ano) tem somente 1 ano, na última semana até esses últimos 4 minutos estiveram por aqui milhões de espécies animais que surgiram e desapareceram. Nessa semana, o que lhes cabia aprender nesse planeta já aprenderam e deram lugar a outra espécie: Os seres humanos nem chegaram a conhecer muitas das espécies anteriores, extintas antes de sua chegada. Então, crer que Deus os tivesse criado apenas para nos servir seria ingenuidade ou muita pretensão nossa.

Então, qual a finalidade de tantos animais que já passaram pelo planeta?

É interessante lembrar que, quando nos referimos a animais, estamos nos referindo aos espíritos em evolução que utilizam corpos físicos de animais para se manifestar nesse mundo físico. Primeiro é preciso entender que os animais (do ponto de vista físico, como corpos) que estiveram por aqui desde o início da evolução terrestre serviram de abrigo a princípios espirituais, ou princípios inteligentes ou mônadas ou espíritos primitivos (qualquer denominação que queiram) que se encontravam em estágios evolutivos primários. Quando as primeiras espécies desapareceram ou se extinguiram foi porque não havia mais espíritos nesse grau evolutivo que necessitassem estagiar em corpos como aqueles ou o planeta, já mais evoluído, não tinha condições físicas de contê-los.

Provavelmente foram transferidos a outros mundos mais apropriados.

Precisamos entender, para não nos confundirmos, que os corpos são **abrigos e instrumento** de manifestação para o espírito encarnado e não são os próprios espíritos. Assim, não confundiremos o que podemos ler em *O Livro dos Espíritos*, que os animais são sempre animais e os homens sempre homens, pois se refere aos corpos e não aos espíritos que os utilizam. Referindo-nos aos espíritos em evolução, podemos dizer que espíritos são sempre espíritos, sem fazer distinção se estão estagiando em corpos primitivos ou evoluídos.

Como podemos ver, os animais chegaram aqui antes de nós.

Mas para onde foram os espíritos encarnados como animais, que habitaram o planeta primitivo de uma semana para cá?

Eles evoluíram, tornaram-se mais moralizados e espiritualizados e ganharam roupagem (corpos físicos), mais moderna e adaptada às suas novas condições intelectuais, morais e espirituais. São os que ocuparam o planeta nos últimos 4 minutos. Nós!

Então, todas as pessoas são nossas irmãs! Mas todos os animais também. E não somente os animais, mas as plantas que chegaram há 10 dias para evoluírem até a fase animal. E não somente as plantas, mas também os minerais que são aqueles seres que estão aqui desde que o mundo iniciou sua formação como material incandescente e evoluíram, passando por diversas fases até se encontrarem na fase vegetal.

Se pensarmos que fomos os animais (como espíritos em evolução) que evoluíram e os animais são a evolução dos vegetais e esses últimos a evolução dos minerais, então todos somos irmãos.

Irmão de uma pedra, de uma samambaia, de barata? É mesmo difícil para alguns aceitar isso como realidade, porque há muitos ainda que mal aceitam que nós seres humanos somos irmãos. Se há os que creem que os negros e as mulheres são inferiores, que dirá essa pessoa de um animal? E de uma planta então? De um mineral nem se fala. Mas na verdade é isso. Tudo o que é criado por Deus é nosso irmão. São Francisco de Assis entendeu isso há muitos séculos e nós ainda não alcançamos a ideia.

Então, creio que não haja dúvidas quanto à origem divina de todos os seres (incluindo nós mesmos) e que por isso somos irmãos.

Todos no Universo são nossos irmãos e tudo evolui. Em decorrência disso, vem a pergunta clássica que intrigou filósofos por milhares de anos e instigou pensadores que ficaram de cabelos em pé, tentando encontrar a resposta:

"Quem veio primeiro: o ovo ou a galinha"? (brincadeira)!

Obviamente é uma brincadeira, mas a pergunta é interessante. Se foi a galinha, quem botou o ovo e se foi o ovo, que galinha botou o ovo?

Pelo estudo da biogênese ou do início da vida orgânica, a Ciência mostra a sucessão de espécies que surgiram em uma sequência que dá a ideia de evolução das espécies.

Assim, podemos dizer que quem veio primeiro foi o ovo, porque os répteis botam ovos e existiam antes do surgimento da primeira ave. Os répteis evoluíram e depois surgiram por evolução das espécies as aves, que também botam ovos.

Biogênese (origem da vida)

De acordo com a Ciência, os primeiros seres vivos ou orgânicos foram os mais primitivos. Alguns dizem que foram as bactérias as primeiras a se formarem na Terra. Outros acreditam que seres ainda mais primitivos formaram-se antes: os vírus. Ainda outros cientistas mais modernos aceitam que as moléculas de RNA e DNA são os primeiros seres a se formarem no planeta. Muitos cientistas não aceitam que essas moléculas possam ser estudadas pela Biologia, por serem objetos da Mineralogia.

Considerando o material genético como os primeiros seres orgânicos, a seguir vieram os vírus que, associando-se, formaram as bactérias. Essas, em associação, formariam as primeiras células primitivas, que evoluíram para células mais complexas, que continuaram a se associar para formar corpos físicos simples, com poucas funções orgânicas. As células se aprimoraram e, ao continuarem a se associar, formaram corpos cada vez mais complexos. Surgem novas espécies que se modificaram ao longo da evolução. Uma espécie dá origem a outras, essas a outras, a outras, incessantemente. Darwin com a sua "Teoria da Evolução" explica como isso acontece, baseando-se no acaso como construtor desses novos corpos.

Teorias científicas da evolução

Lamarck

Segundo a teoria desse cientista, as características seriam desenvolvidas conforme a necessidade e esforço do indivíduo e as características adquiridas se repetiriam nos descendentes. Assim, por exemplo, por essa teoria, a girafa, de tanto se esforçar para alcançar folhas nas partes altas das copas das árvores, teve o pescoço esticado e seus descendentes nasceriam com as mesmas características. Desse modo, um halterofilista teria filhos que já nasceriam musculosos. Isso não acontece. Essa teoria foi abandonada.

Darwin

A teoria da evolução de Darwin diz que os seres surgiriam ao acaso e essas características, por acaso, dariam melhores condições de sobrevivência aos que as possuem. Assim, ao acaso, uma espécie que viva em local alagado daria origem, ao acaso e, por exemplo, a um filhote com patas achatadas e largas que permitam que caminhe mais rápida e eficientemente sobre a lama sem afundar. Mas sempre por obra do acaso. Assim, o novo ser mais adaptado daria origem a filhotes com essas características também, que teriam vantagens sobre o concorrente para o mesmo alimento. Em pouco tempo o concorrente desaparecerá por estar em desvantagem evolutiva.

De acordo com Darwin, o ser humano seria descendente dos macacos.

Mendel (genética)

Este cientista desenvolveu a teoria genética que explica a existência de partículas dentro das células, que transmitiriam as características físicas aos descendentes.

Neodarwinismo

A teoria neodarwinista associou as teorias de evolução de Darwin com as teorias genéticas para explicar o surgimento das novas características físicas dos seres orgânicos que surgiriam. Essa teoria é mais moderna e mais completa que a de Darwin, mas ainda assim está baseada no acaso como formador das novas características.

NÓS JÁ FOMOS ANIMAIS?

Dizer que fomos animais não é uma colocação correta, pois não "fomos", mas "estivemos" animais, isto é, nós estagiamos naquelas fases mais primitivas, mas não fomos aqueles seres. Como comentamos anteriormente, corpos são instrumentos e não o próprio espírito. Nós, como espíritos, já estagiamos naquelas fases em corpos de animais. Do mesmo modo, os espíritos que estagiam na fase animal hoje serão futuramente espíritos a estagiar na fase humana.

> *Algumas pessoas se escandalizam com isso, mas não há motivo. "Não há lacuna entre o reino animal e hominal." (Cairbar Schutel)*

> *"Todos têm um mesmo ponto de partida; todos são criados simples e ignorantes com igual aptidão para progredir..."* (A Gênese)

Mundos físicos como experiência

Desde que fomos criados como princípio inteligente, somos colocados em contato com o mundo físico com a finalidade de adquirir experiências nesta dimensão. Aqui conseguiremos manter contato com as mais diversas condições que não se encontram na dimensão espiritual.

Para nos manifestarmos, necessitamos de corpos físicos que nos facilitem a vivência dessas experiências, eles servirão como instrumentos e vestimentas dos espíritos a estagiar no mundo físico.

Outros mundos

Quando Jesus disse que "há muitas moradas na casa do meu Pai", referia-se ao fato de existirem muitos mundos onde o espírito teria a oportunidade de estagiar e aprender novas experiências. Assim, a Terra nos provê em algumas necessidades evolutivas, mas não em todas. Os requisitos que não podem ser encontrados aqui têm a oportunidade em outros, pois, como o Universo é infinito, há infinitas moradas onde o espírito encontra as condições adequadas a sua evolução e aprendizado. Quando for necessário, retornará a esse ou àquele.

Outros reinos, outras espécies

Do mesmo modo que há muitas moradas, ou muitos mundos, há também nesses mundos espécies animais ou corpos físicos diferentes dos que conhecemos aqui. Mesmo aqui no nosso planeta há espécies, que nem conhecemos, a serem descobertas. Do mesmo modo, os infinitos mundos oferecem infinitas oportunidades em uma infinidade de modelos corporais nos quais o espírito poderá reencarnar e continuar a sua escalada evolutiva. Nesses infinitos mundos há infinitas quantidades de espécies, raças, gêneros e reinos.

Aqui em nosso planeta, como comentamos, há os reinos dos minerais; das bactérias; dos protozoários; dos fungos; dos vegetais e dos animais, por onde o espírito faz seus diversos estágios, mas pelos infinitos mundos do Universo há corpos de animais que nem fazemos ideia de como sejam, mas são de importância para nossa evolução.

Corpos físicos

Como comentamos, o espírito necessita obrigatoriamente de um corpo físico para se manifestar nessa dimensão física e, para que isso ocorra, é necessário que os arquitetos da espiritualidade providenciem os modelos corporais adequados a cada fase evolutiva que o espírito necessite. Sua evolução segue uma linha prevista e, para tanto, os corpos são também parte dessa previsão de trajetória.

Para que ocorra a evolução que segue, então, um trajeto conhecido, é lícito crer que os corpos necessários sejam também modelos preexistentes acrescentados por vontade dos administradores dessa evolução. Nada acontece por acaso.

Corpos preexistentes

Os corpos são instrumentos de manifestação e evolução do espírito e como essa evolução é toda prevista, apenas são introduzidos os corpos no mundo onde o espírito se manifestará, porque já existe como modelo na espiritualidade. Os modelos são introduzidos no mundo pela mobilização dos genes pelos espíritos encarregados da evolução dos seres do planeta em questão. Os genes necessários são obtidos pela mobilização de certas moléculas (aqui na Terra são as que constituem o nosso DNA), conhecidas deles. Apenas manipulando-o, surgem as novas características físicas citadas por Darwin em sua teoria de evolução. Nenhum corpo se forma ao acaso:

"Tudo concorre para provar que houve criação simultânea e múltipla" "[...] germinando simultaneamente em diferentes lugares."

"O corpo é envoltório e instrumento do espírito e, à medida que adquire novas aptidões, ele reveste um novo envoltório apropriado."

"Desde que o espírito nasce na vida espiritual [...] deve fazer uso de suas faculdades [...] por isso ele reveste um envoltório corporal apropriado ao seu estado de infância intelectual que deixa de revestir um outro à medida que suas forças aumentam."

"Todas as almas têm a mesma origem e são destinadas ao mesmo fim; a todos o Supremo Senhor proporciona os mesmos meios de progresso, a mesma luz, o mesmo amor."

"O princípio inteligente, distinto do princípio material, se individualiza, se elabora em passando pelos diversos graus da animalidade; é aí que a alma ensaia para a vida e desenvolve suas primeiras faculdades pelo exercício; seria o tempo de incubação."

"A formação dos corpos inorgânicos, pois foi dela o primeiro degrau."

"A formação dos primeiros seres vivos pode-se deduzir, por analogia, da mesma lei segundo a qual se formaram e se formam todos os dias corpos inorgânicos."

Por quê?

Sendo filhos do mesmo Pai, são objetos de igual solicitude, que não há nenhum mais favorecido ou melhor dotado que outros...

"O espírito não recebe a iluminação divina que lhe dá à consciência a noção de seus altos destinos sem ter passado pela série divinamente fatal dos seres inferiores, entre os quais se elabora, lentamente, a obra de sua individualidade; é somente a partir do dia em que o Senhor imprime sobre sua fronte o seu augusto tipo que o Espírito toma lugar entre as Humanidades."

Conclusão

Os animais são nossos irmãos, pois, segundo o codificador, Allan Kardec: "Está fundado sobre a grande lei da unidade que preside a criação, responde, é necessário nisso convir à justiça e à bondade do Criador; ele dá [...] um objetivo, um destino aos animais [...] que encontram um futuro que lhes está reservado, uma compensação aos seus sofrimentos".

BIBLIOGRAFIA

Alester, A. Lee Mc – *História Geológica da Vida* – Edgar Blucher Ltda.

Alves, Nércio Antônio – *Do Átomo ao Arcanjo*

Andrade, Hernani Guimarães – *Espírito, Perispírito e Alma* – Ed. Pensamento.

Santos, Jorge Andreia dos – *Impulsos Criativos da Evolução* – Ed. Arte e Cultura.

Araújo, Euclides Alves – *Dinâmica da Evolução* – Ed. Leopoldo Machado.

Bozanno, Ernesto – *Os Animais Têm Alma?* – Ed. Lachâtre.

Delanne, Gabriel – *Evolução Anímica* – Ed. Conhecimento.

Dröscher, Vitus – *A Vida Inteligente dos Animais* – Ed. Melhoramentos.

Emmanuel – *A Caminho da Luz* – FEB.

Flammarion, Camille – *Deus na Natureza* – FEB.

Guimarães, Hernani – *Morte, Renascimento, Evolução* – Ed. Pensamento.

Kardec, Allan – *A Gênese* – Ed. Mundo Maior.

Kardec, Allan – *Obras Póstumas* – Instituto de Difusão Espírita.

Kardec, Allan – *O Céu e o Inferno* – Ed. Mundo Maior

Kardec, Allan – *O Evangelho Segundo o Espiritismo* – Ed. Mundo Maior

Kardec, Allan – *O Livro dos Espíritos* – Ed. Mundo Maior.

Kardec, Allan – *O Livro dos Médiuns* – Ed. Mundo Maior

Loureiro, Carlos Bernardo – *Fenômenos Espíritas no Mundo Animal* – Ed. Mnêmio Túlio.

Martins, Celso – *A Alma dos Animais* – DPL.

Miranda, Hermínio C. – *Alquimia da Mente* – Publicações Lachâtre.

Prada, Irvênia – *A Questão Espiritual dos Animais* – Ed. FE.

Schutel, Cairbar – *Gênese da Alma* – Ed. O Clarim.

Site Espírita na Internet – (www.portaldoespirito.com.br).

Xavier, Francisco C./Waldo Vieira/André Luiz – *Evolução em Dois Mundos* – FEB.

Xavier, Francisco Cândido/André Luiz – *Missionários da Luz* – FEB.

Xavier, Francisco Cândido/André Luiz – *Nosso Lar* – FEB.

Xavier, Francisco Cândido/Emmanuel – *Alvorada do Reino* – Ed. Ideal.

Xavier, Francisco Cândido/Emmanuel – *Emmanuel* – FEB.

feal
Fundação Espírita André Luiz

Há décadas a Fundação Espírita André Luiz – FEAL se dedica à missão de levar a mensagem consoladora do Cristo sob a visão abrangente do Espiritismo.

Com o compromisso da divulgação de conteúdos edificantes, a FEAL tem trabalhado pela expansão do conhecimento por intermédio de seus canais de comunicação do bem: Rede Boa Nova de Rádio, TV Mundo Maior, Editora FEAL, Loja Virtual Mundo Maior, Mundo Maior Filmes, Mercalivros, Portal do Espírito e o Centro de Documentação e Obras Raras (CDOR), criado com o propósito de recuperar a história do Espiritismo.

E não há como falar da Fundação Espírita André Luiz sem atribuir sua existência ao trabalho iniciado pelo Centro Espírita Nosso Lar Casas André Luiz, que desde 1949 se dedica ao atendimento gratuito à pessoas com deficiência intelectual e física.

Aliada ao ideal de amor e comprometimento com esses pacientes e suas famílias realizado pelas Casas André Luiz, a Fundação Espírita André Luiz atua como coadjuvante no processo de educação moral para o progresso da humanidade e a transformação do Planeta.

Esta edição foi impressa pela Viena Gráfica & Editora, Santa Cruz do Rio Pardo – SP, sendo impressos 2.000 exemplares em formato fechado 15,5 x 22 cm, em papel Pólen Soft 70 g/m² para o miolo e papel cartão 300 g/m² para a capa. O texto principal foi composto em Adobe Garamond Pro 12/16.
Novembro de 2020